*Else und Ernst,
Heidi, Horst, Kurt,
Linda, Siegrid
in Dankbarkeit
gewidmet*

*:ER**MUT**IGUNGEN*

MICHAEL BROCH

Einen Augen-Blick mal!

Kurze Texte
wider die
Resignation

VERLAG JUNGE GEMEINDE

Die Deutsche Bibliothek – CIP-Einheitsaufnahme

Ein Titeldatensatz für diese Publikation ist bei
Der Deutschen Bibliothek erhältlich.

Bildnachweis:
Titelfoto: MAURITIUS-Stuttgart
Seite 9, 43, 71, 81: Gerd Ulmer
Seite 17, 31: Presse-Bild-Poss
Seite 57: Dieter Kani

© 2001 Verlag Junge Gemeinde Stuttgart
Leinfelden-Echterdingen
1. Auflage
Umschlag und Typografie:
Dieter Kani, Stuttgart
Druck und Bindearbeiten:
Wilhelm Röck, Weinsberg

ISBN 3-7797-0380-7

Inhalt

Vorwort	7

Lebensprogramm 9

Man lebt nur einmal	10
Ich bin unendlich wertvoll	12
Alle Achtung	14

Eintönig ist das Leben nicht 17

Ich muss	18
Ich will	20
Ich kann	22
Ich darf	24
Ich mag	26
Ich soll	28

Ich darf glücklich sein 31

Warum nicht glücklich?	32
Augenblicklich leben	34
Beziehungen leben	35
Aktiv leben	36
Wesentlich leben	37
Gelassen leben	38
Selig, glücklich, die ...	40

Lebe dein Leben –
Worte der unvergessenen Mutter Teresa   43

Das Leben ist eine Chance – nutze sie   44
Das Leben ist Schönheit – bewundere sie   46
Das Leben ist ein Spiel – spiele es   48
Das Leben ist Liebe – erfreue dich an ihr   50
Das Leben ist ein Kampf – akzeptiere ihn   52
Das Leben ist ein Abenteuer – wage es   54

Welche Werte wichtig sind   57

Sinnsuche   58
Wahrhaftigkeit   60
Hilfsbereitschaft   62
Treue   64
Verantwortung   66
Toleranz   68

Umgänge   71

Mich selbst tolerieren   72
Spieglein, Spieglein…   74
Wirklich gut gemeint?   76
Kleinigkeiten   78

Was es ist –
Anmerkungen zu einem Gedicht von Erich Fried   81

Was es ist   83
Es ist Unsinn sagt die Vernunft   84
Es ist Schmerz sagt die Angst   86
Es ist aussichtslos sagt die Einsicht   88
Es ist lächerlich sagt der Stolz   90
Es sit leichtsinnig sagt die Vorsicht   92
Es ist unmöglich sagt die Erfahrung   94

Vorwort

Gott will nichts für sich selbst von uns. Was wollten wir ihm auch geben, was er nicht schon hätte? Was könnten wir ihm nehmen, was ihm dann fehlte? »Gott will, dass wir glücklich sind.« (Roger Schutz). Gott will, dass wir leben, dass menschliches Leben und Zusammenleben gelingt. Auch im Scheitern.

Dafür steht – davon bin ich überzeugt – der Name, das Leben und Wirken und das Sterben Jesu von Nazaret. Diese Überzeugung haben Menschen mitgeprägt, denen ich begegnen durfte, die mir Wegbegleiter geworden sind und denen ich zu danken habe. Und aus dieser Überzeugung sind diese Texte entstanden, ursprünglich für den SWR und jetzt zusammengefasst in dem vorliegenden Bändchen.

Da die Texte nicht nur zur persönlichen Betrachtung, sondern auch einzeln zum Vortrag bei Gemeindegruppen, religiösen Wochenenden und Freizeiten verwendet werden können, wurden kleine inhaltliche Überschneidungen zwischen den Texten bei dieser Veröffentlichung nicht gestrichen. Gelegentlich sind auch Angaben zu weiterführender Literatur gemacht.

Michael Broch

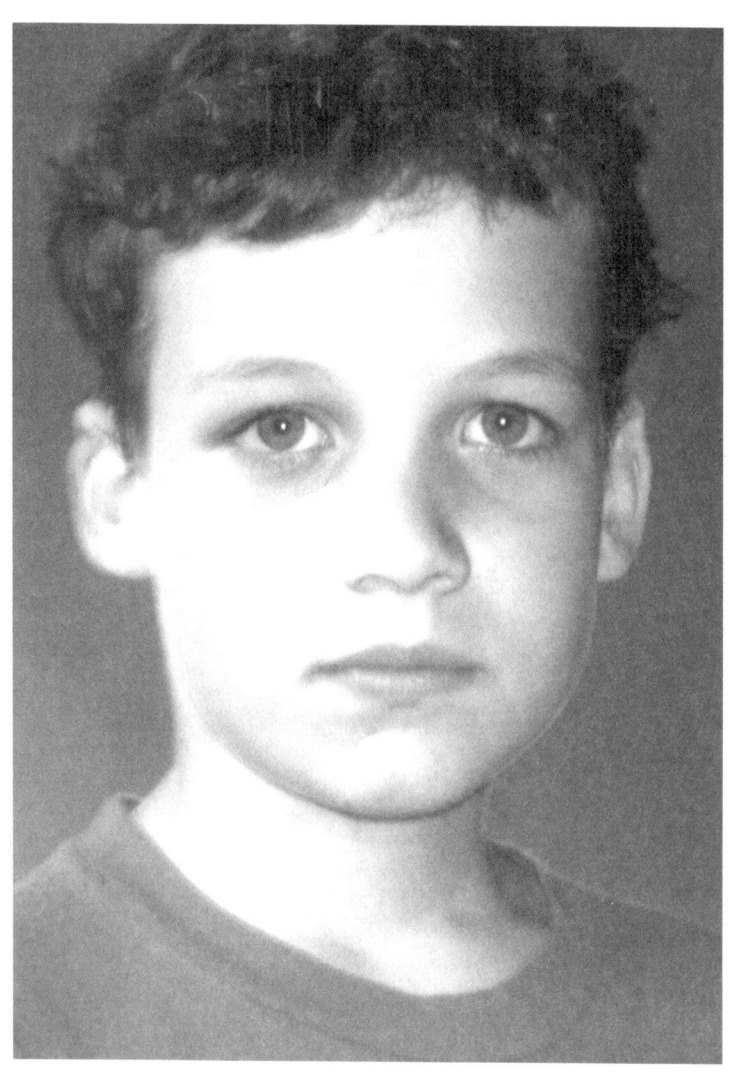

Lebensprogramm

Man lebt nur einmal

»Man lebt nur einmal.« – Eine Binsenweisheit. Dennoch verbergen sich hinter diesem Satz recht unterschiedliche Gefühle. Vielleicht eine verborgene Angst, im Leben ja nichts zu versäumen. Eben weil es nur einmal gelebt wird und dann vorbei ist. Daher: möglichst alles mitnehmen, ausprobieren, nichts auslassen, was sich an Gelegenheiten bietet; dem Leben alle nur erdenklichen Amüsements abluchsen. Unersättlich neugierig sein, hungrig auf Abenteuer. Das führt nicht selten zu kopflosen Reaktionen und zur Zukunftsangst – vor allem im fortgeschrittenen Alter.

»Man lebt nur einmal.« – Mit diesem Satz kann ich auch Bedenken überspielen: Soll ich mich auf eine zweifelhafte Sache einlassen oder nicht? Schnell lässt sich das unsichere Gewissen beruhigen, denn »man muss die Feste feiern, wie sie fallen«. »Ein Tag so wunderschön wie heute«.

Sicher ist jeder von uns nur einmal jung und jeder weiß, dass er nur einmal hier auf Erden lebt. Aber nicht nur das Leben, jeder Tag in meinem Leben ist »einmalig«. Was gestern war, ist morgen ein Stück meiner persönlichen Lebensgeschichte. Ich kann nichts ungeschehen machen. Ich lebe mit den Fehlern und den guten Tagen, mit den frohen Stunden und den vertanen Chancen. Was der frühere Bundespräsident Richard von Weizsäcker im Blick auf das friedliche Miteinander der Völker sagte: »Die Geschichte pflegt ihre Angebote nicht zu wiederholen«, lässt sich auf jedes Leben übertragen.

»Man lebt nur einmal.« – Das heißt, einmalig leben, aber auch einmalig sein. Das ist ein Geschenk und ein Auftrag. Jemand, der nur einmal jung ist, der nur einmal lebt, der ein einmaliger Mensch ist – das trifft auf jeden von uns zu. Und damit sind wir mitverantwortlich für das Glück anderer Menschen und für das eigene Glück, für mehr Glück auf der Welt.

»Man lebt nur einmal.« – Darüber nachzudenken braucht durchaus Offenheit und Mut. Vielleicht erwacht solcher Mut auch aus dem Grundvertrauen jenes Beters im Alten Testament:

»Du, Gott, zeigst mir den Pfad zum Leben!« (Psalm 16,11).

Ich bin unendlich wertvoll

Sprechen Sie es einmal laut aus: »Ich bin unendlich wertvoll!« - Vielleicht sind Sie überrascht, werden rot bei diesem Gedanken, sind verlegen. Vielleicht getrauen Sie sich's auch gar nicht; bringen es nicht über die Lippen. Trotzdem ermutige ich Sie dazu, es einmal klar und deutlich auszusprechen: »Ich bin unendlich wertvoll!«

Aber: Wenn das jemand hört! Was würden da die anderen sagen: meine Frau, mein Mann, die Kinder, Mutter und Vater, meine Arbeitskollegen, die Schulkameraden?

Vielleicht geht's Ihnen wie mir. Wir tun uns schwer, das zu sagen. Wir haben Mühe zu glauben, dass wir wirklich so wertvoll sind. Wir sind unsicher, darauf zu antworten: Was bin ich wert? Bin ich wirklich wertvoll? Woher kommt mein Wert? Eher fühlen wir uns mehr oder weniger minderwertig, auch wenn wir das ebensowenig laut zugeben würden. Vielleicht machen wir unser Selbstwertgefühl zu sehr davon abhängig: Was denken, was halten andere von mir? Was erwarten die Mitmenschen von mir? Welche Rolle muss ich spielen? Wie kann ich den anderen imponieren?

Solche Fragen verstärken sich noch, wenn ich mich nicht verstanden und einsam fühle. Ich möchte Sie ermutigen, zu versuchen, solche Einsamkeit auszuhalten. Wie befreiend, wenn ich dabei erfahren darf: Ich bin einmalig, unverwechselbar, interessant. Ich bin unendlich wertvoll – weil Gott mich liebt!

Aber wir spüren doch nur selten die Liebe Gottes so stark wie die Liebe eines Menschen. Anderseits enttäuschen uns die Mitmenschen mehr oder weniger früher oder später immer wieder. Und umgekehrt, wir die Mitmenschen. Sicher dürfen wir nicht Gottes Liebe und die Liebe der Mitmenschen gegeneinander ausspielen. Aber ob ich wertvoll bin, das kann ich nicht von anderen abhängig machen. Das darf ich nicht ihrem Urteil überlassen. Ich bin unendlich wertvoll, weil Gott mich liebt. Nicht die anderen geben mir meinen Wert, nicht die Gunst der Mitmenschen, sondern allein Gott. Weil er Sie und mich liebt, deshalb sind Sie und bin ich unendlich wertvoll.

In unserer komplizierten Welt ist es leider strittig geworden, ob wir immer erwünscht sind. Ihr und mein Wert wird von so vielen Leistungen und Verhaltensformen abhängig gemacht. Ist es da nicht ungeheuer befreiend, wenn wir aus Überzeugung sagen können: »Ich bin unendlich wertvoll!« – »Du bist unendlich wertvoll!« – Weil von Gott geliebt!

Alle Achtung

Das Leben ist nicht einfach schicksalhaft vorherbestimmt, noch fällt es mir einfach in den Schoß. Es hat auch etwas mit mir selbst zu tun, ob mein Leben menschlich gelingt. Dass dies so ist, darauf macht eine jüdisch-biblische Belehrung aus dem Talmud sehr anschaulich aufmerksam:

>»Achte auf deine Gedanken, denn sie werden Worte.
>Achte auf deine Worte, denn sie werden Handlungen.
>Achte auf deine Handlungen, denn sie werden Gewohnheiten.
>Achte auf deine Gewohnheiten,
>denn sie werden dein Charakter.
>Achte auf deinen Charakter,
>denn er wird dein Schicksal.«

Es sind in der Regel nicht die großen Ereignisse und die einmaligen Entschlüsse, die mein Leben prägen, sondern die vielen kleinen Stationen und Begebenheiten. Das fängt damit an, was in mir selbst vorgeht, welche Gedanken ich mir mache: über mich selbst, über die Mitmenschen, über das Zusammenleben mit ihnen. Sind es überwiegend positive oder überwiegend negative Gedanken?

Entsprechend äußere ich mich auch. Worte – nicht nur Blicke – können töten und vernichten. Sie können aber auch etwas klären, jemanden aufrichten, zum Leben ermutigen, versöhnen, befreien.

Den Worten folgen Taten. Was ich denke, rede und tue, hängt miteinander zusammen. So kann durch mich eine Atmosphäre des Wohlwollens entstehen, kann menschliche Zuneigung wachsen. Es kann aber auch Böses die Herrschaft gewinnen, die Aggressionen zunehmen, können Misstrauen, Hass und Ablehnung sich ausbreiten.

Der Mensch ist – so sagt man – ein Gewohnheitswesen. Das, woran ich mich gewöhnt habe, wird zur Gewohnheit, aus der ich so schnell nicht mehr herauskomme, es sei denn, durch bessere Einsicht und große Anstrengung. Allerdings gibt es auch gute Gewohnheiten.

All das prägt meinen Charakter. Ganz bestimmte Charakterzüge zeichnen mich aus. Andere erkennen sie zumeist besser als ich selbst. Sie müssen damit leben, gerne oder auch notgedrungen.

Auf die Gedanken, Worte Handlungen, Gewohnheiten, Charakterzüge achten, das kann durchaus zur Schicksalsfrage werden – das ist mein Leben. Und es liegt schon auch an mir selbst, wie ich mich unter den Mitmenschen bewege, in der Gesellschaft, in der Kirche oder wo immer: eher sympathisch und menschenfreundlich – oder eher egoistisch und unausstehlich.

Das ist mein Leben. Sich darum bemühen, es menschlich zu verwirklichen und zu bestehen – täglich neu –, das ist wahrlich ein Lebensprogramm.

Eintönig ist das Leben nicht

Ich muss

»Ich muss im Leben nur eines sterben« – so sagt man. Stimmt das? Vielleicht ist so reden auch nur der geheime Wunsch nach mehr Freiheit von allen möglichen Zwängen? Aber täusche ich mich nicht selbst?

Ich muss das ist die Pflicht, die es tagtäglich zuverlässig zu erfüllen gilt: Ich muss jetzt aufstehen, auch wenn es schwer fällt. Ich muss zur Schule, zur Arbeit. Ich muss Steuern zahlen; für die Familie sorgen.

Ich muss – das sind aber auch die Grenzen, Schranken, Kompromisse, die anzunehmen mir mein Ich, das Miteinander, mir andere auferlegen.

Die persönlichen Grenzen: die Gesundheit, der Kräftehaushalt, die körperliche, geistige, psychische Belastbarkeit, finanzielle Grenzen. Ich muss mich in vielerlei Hinsicht beschränken, bescheiden.

Und dann: Wieviel Rücksicht muss ich nehmen, damit das Miteinander einigermaßen gelingt, damit die zwischenmenschlichen Beziehungen stimmen!

Wir wollen als Menschheit überleben; da werden es umweltfreundliche Verordnungen alleine nicht bringen. Ich muss – wie jeder und jede – meine Einstellung, mein Verhalten und meinen Lebensstil gründlich überprüfen und womöglich verändern.

So manches persönliche Missgeschick, manche gesellschaftliche, religiöse oder politische Katastrophe hätte bei rechtzeitiger Einsicht vermieden werden können: Hätte ich das nicht wissen müssen?

Wenn ich nicht aufpasse, dann diktieren mir Werbung, Modetrends, veröffentliche Meinung, was »in« ist, was ich denken, wie ich mich verhalten, was ich tun oder kaufen muss.

Der große Dichter und Menschenkenner Goethe machte auf dieses heimlich - unheimliche Muss aufmerksam: »Indem uns das Leben fortzieht, glauben wir aus uns selbst zu handeln, unsre Tätigkeit, unsre Vergnügungen zu wählen; aber wenn wir es genau ansehen, so sind es die Pläne, die Neigungen der Zeit, die wir mit auszuführen genötigt sind.«

Wenn ich immer wieder aufmerksam abwäge zwischen manch notwendigen Muss und einem aufgezwungenen Muss – dann werde ich einigermaßen menschlich verantwortlich mit diesem »Ich muss« im Leben zurechtkommen. Und erhalte vielleicht auch die nötige Kraft und »den rechten Mut, zu ändern, was ich ändern kann; die Gelassenheit, Unabänderliches zu ertragen; schließlich die Weisheit, zwischen beiden zu unterscheiden.«

Ich will

Es kann einen schon beeindrucken, aber auch ängstigen, wenn jemand überzeugend sagt: Ich will, oder: Ich will nicht! Dieses »Ich will« ist wohl mit die stärkste Kraft in mir, wohl aus dem innersten Antrieb heraus: Ich will leben! Dies zeigt sich vor allem in Grenzsituationen: Wenn eine junge Frau gegen den Krebs ankämpft, um bei ihrem Mann und ihren Kindern bleiben zu können. Wenn Menschen in Hunger, Katastrophen, Kriegswirren, Flucht, Vertreibung überleben und leben wollen.

Auch im normalen Alltag fordert mich dieses »Ich will«: Ich bin in Pflicht genommen. Es fallen Entscheidungen. Ich werde verantwortlich gemacht. Ich will: das geht von mir selbst aus. Ich will etwas im Leben erreichen, etwas Sinnvolles aus meinem Leben machen. Manches geht, wenn ich nur will. Wo ein Wille ist, ist auch ein Weg – sagt man. Manchmal stimmt es auch.

> Aber weiß ich immer, was ich will?
> Und ist es auch gut, was ich will?

Ich will mich jedenfalls nicht vor irgendeinen Karren spannen lassen, sondern daran glauben, dass »mir immer noch so viel Kraft bleibt, das auszuführen, wovon ich überzeugt bin« (Goethe) und was ich verantworten will und kann. Mir allerdings eingestehend, dass, wie das Leben selbst, auch der Wille, auch ein starker Wille, begrenzt ist. Wille ist vieldeutig, anfällig für Einseitigkeiten, Überheblichkeit und Eigensinn – anfällig aber auch für Schwäche, Trägheit, Bequemlichkeit.

Ich sollte nicht selbst mein eigener Maßstab sein wollen. So kann ich jenen Liedvers mitvollziehen: »Unser Wissen und

Verstand ist mit Finsternis umhüllet, wo nicht deines Geistes Hand uns mit hellem Licht erfüllet. Gutes denken, tun und dichten musst du selbst in uns verrichten.« (Gotteslob 520,2)

Ich will vernünftig sein und kritisch. Ich will mit offenen Augen und Ohren durchs Leben gehen, erkennen, was recht ist, und handeln, wie es gut ist – und mich darin führen lassen und getragen wissen von Gott.

Um das Richtige zu wollen, bitte ich Gott um einen kritischen Geist:
— damit ich eine Sache auch sehe,
  wenn ich sachlich handeln will;
— damit ich auch auf dem Boden bleibe,
  wenn ich konkret sein will;
— damit ich auch das Wohl suche,
  wenn ich etwas zum Wohl der Menschen tun will;
— damit ich den Frieden auch erkenne,
  wenn ich dem Frieden dienen will.[1]

---

[1] In Anlehnung an ein Gebet von Anton Rotzetter, in: »Gott, der mich atmen lässt«, Verlag Herder, Freiburg 1985, S. 185

Ich kann

Leben heißt auch: Ich kann etwas tun. Das hat mit können, mit Kunst zu tun, mit Lebenskunst, mit der Fähigkeit und mit der Fertigkeit, das Leben zu meistern, im besten Sinn des Wortes ein »Lebenskünstler« zu sein. Ob ich das je schaffen kann?

- Ich kann ja oder nein sagen.

- Ich kann mich nur auf mich selbst beziehen oder überlegen, wo und wie ich mich auch für andere nützlich machen kann.

- Ich kann als Pessimist mich selbst bedauern und in Weltschmerz versauern oder als Optimist dem Leben auch seine guten Seiten abgewinnen.

- Ich kann über die Dunkelheit schimpfen oder ein Licht anzünden.

- Ich kann grundsätzlich und verbissen mein Leben und das anderer vermiesen oder mit Humor und Gelassenheit für ein gutes Klima sorgen.

- Ich kann eigensüchtig nur auf mein eigenes Wohl bedacht sein oder aber auf das eine oder andere verzichten, um es mit anderen zu teilen.

- Es kann klug sein, jetzt nichts zu tun, aber auch träge.

- Es kann klug sein, jetzt zu handeln, aber auch übereilt.

- Es kann klug sein, jetzt zu schweigen, aber auch feige.

- Es kann klug sein, jetzt zu reden, aber auch unangebracht.

- Ein Lebenskünstler, wer ruhig abwägen, besonnen prüfen, kritisch unterscheiden, sich dann aber auch mutig entscheiden kann.

- Ein Lebenskünstler, wer auf dem Drahtseil des Lebens auch balancieren kann: eilen und doch verweilen.

- Ein Lebenskünstler, wer in der Welt von heute menschenwürdig, verantwortlich und hoffnungsvoll leben, handeln, lieben, leiden, sich freuen und einmal sterben kann: in Glück und Unglück, in Leben und Tod, gehalten von Gott und hilfreich den Menschen.
(Hans Küng)

Vielleicht haben Sie, vielleicht habe ich die nötige Offenheit und den guten Mut aus dem Grundvertrauen: »Du – Gott – zeigst mir den Pfad zum Leben!« (Psalm 16,11)

Ich darf

Auf die Frage des Religionslehrers, was das Christentum sei, antwortet der Zwölfjährige spontan: »Christentum ist das, was man nicht darf!« Oder jener bekannte Kalauer mit durchaus kritischem Wahrheitsgehalt: »Alles, was Spaß macht, ist entweder verboten, ist eine Sünde oder macht dick und kostet Geld.« Das Fazit nicht so sehr christlicher als vielmehr bürgerlicher Moral.

Zwei Aussagen, die die Einstellung vieler Zeitgenossen zu den Geboten Gottes und zu denen der Kirche ausdrücken. Religiöse Gebote – für viele verbinden sich damit gemischte Gefühle: Du sollst nicht, du darfst nicht! Anmutungen von Gängelband, Angst, Drohung werden wach. Unsere Freiheit ist angegriffen.

Andererseits wird heute von vielen Seiten der Ruf nach den »Zehn Geboten« wieder laut. Man sollte sie den Kindern und Jugendlichen wieder beibringen. Würden sie besser eingehalten, stünde es auch besser um das Christentum und unsere Gesellschaft. Das ist sicher richtig, vorausgesetzt, die Beweggründe stimmen. Werden Gesetz und Ordnung eingefordert; ist dieser Ruf ein moralischer Fingerzeig zum Ordentlich- und Bravsein, dann werden ihm kritische, mündige Christen eher misstrauen. Kommt es aber aus dem Hören auf Gottes Absicht und Willen, dann sollten wir ihm folgen.

Was aber sind hier Absicht und Wille Gottes? Sie stehen in dem oft vernachlässigten oder verschwiegenen, aber entscheidenden Satz, der den Geboten voransteht: »Ich bin der Herr, dein Gott, der dich aus der Sklaverei befreit hat.« (Deuteronomium/1 Mose 5,6): Der Gott, der dir gut will, der deine Freiheit will, der will, dass dein Leben gelingt. Weil Gott so wohlwollend zu uns steht, deshalb, so heißt es im biblischen Sinn übersetzt weiter, deshalb wirst du dich im Vertrauen auf Gott auch um ein menschenwürdiges Leben und Zusammenleben kümmern.

So sind die »Zehn Gebote« Worte zum Leben, Wegweiser im Alltag. Sie nehmen mir nicht die Freiheit, sondern erinnern an meine von Gott geschenkte Freiheit. Sie sind keine Kommandos, keine Befehle, keine Verbote. Sie sind ermutigende Appelle für den rechten zwischenmenschlichen Umgang: Ich werde eines jeden Menschen Würde achten. Ich werde eines jeden Menschen Recht auf Leben schützen helfen. Ich werde respektieren, was dem anderen gehört. Ich werde mich aber auch bemühen, den Armen und Zukurzgekommenen zu ihrem Recht zu verhelfen. Ich werde versuchen, Menschen, die im Leben hart geprüft werden, wieder aufzurichten, sie zu trösten, ihnen beizustehen.

Gottes Gebote wollen mir Mut machen: Ich darf etwas wagen, Phantasie entwickeln, kritisch prüfen, damit das Leben und Zusammenleben spannender, aufmerksamer, menschenfreundlicher wird – aus der Grunderfahrung heraus: Ich darf leben!

Ich mag

Bisweilen mag ich unbeschwert und fröhlich sein, einem Hobby nachgehen, etwas genießen. Manchmal ist das Leben ein Honigschlecken – meistens nicht. Daran dachte ich, als ich den »Honigschlecker« in der Wallfahrtskirche Birnau am Bodensee betrachtete. Ein Engel, mit der einen Hand hält er einen Bienenkorb fest; vom Zeigefinger der anderen Hand schleckt er genüsslich den süßen Honig. Ich meine, er gehört hinein in das festliche Spiel von Formen, Farben und Licht, das diese Rokoko-Kirche ausstrahlt. Gelegentlich mag ich so ein »Honigschlecker« sein, auch wenn das Leben meistens kein Honigschlecken ist.

Aber ist angesichts des Zustands unserer kleinen und großen Welt-Wirklichkeit unbeschwertes Frohsein und Genießen überhaupt erlaubt? – Gegenfrage: Verbessern wir etwas durch Griesgram und Traurigsein?

Da hört sich das schon anders an: »Iss mit Freuden dein Brot und trink vergnügt deinen Wein... trag jederzeit frische Kleider, und nie fehle duftendes Öl auf deinem Haupt!« (Kohelet/Prediger 9,7-8) Das sagt kein ausgelassener Luftikus, auch kein romantischer Schwärmer. Das sagt ein jüdischer Weiser im 3. Jh. vor Christus, der sogenannte Kohelet, der sich ein Leben lang den Kopf über Gott und die Welt und das Leben zerbrach. Von ihm stammt dieses Zeugnis einer fast ungebrochenen Lebensfreude.

Und Jugendlichen, deren Unternehmungslust man eher bremsen und die man vor unbedachtem Leichtsinn warnen möchte – warum eigentlich? – ruft derselbe Kohelet zu: »Freu dich, Junge, freu dich, Mädchen, in deiner Jugend, sei guter Dinge in deiner Jugendzeit! Geh auf den Wegen, die dein Herz dir sagt, und genieße, was deine Augen schauen.« (11,9)

Es sind immer wieder Menschen, die sich mit Gott verbündet wissen, die mitten im Leben stehen, die das Zusammenleben positiv prägen - und denen wir solche Lebensweisheiten verdanken.

Der im Alten Testament so oft wiederholte Appell »Du sollst fröhlich sein!« (Deuteronomium /1 Mose 16,11) huldigt gewiss keinem schrankenlosen Lebensgenuss. Fröhlichsein ist ein Geschenk, das uns hilft, vor dem Übel in der Welt nicht zu resignieren; vor den irdischen Wirklichkeiten nicht zu fliehen; das Unangenehme nicht zu verdrängen. Der Appell zum Fröhlichsein bewahrt uns sogar vor den Täuschungen über eine heile Welt. Und er macht Mut, nicht über die Finsternis zu schimpfen, sondern ein Licht anzuzünden; nicht über Böses zu jammern, sondern Bösem Gutes entgegenzusetzen.

Ich soll

»C'est la vie – so ist halt das Leben!« – so sagt man mitunter. Und was ist damit gemeint: Ein paar gute und böse Erfahrungen im Leben? Die eigenen Veranlagungen und seelischen Befindlichkeiten? Einige beglückende und bedrängende Vorkommnisse? Oder ist damit mein Leben überhaupt, mein ganzes Leben gemeint?

Ich soll: Das ist mein Inneres, mein Gewissen, daß ich mich nicht einfach mit mir zufrieden gebe, wie ich nun halt mal bin. Es ist mir aufgetragen, an mir zu arbeiten, reifer zu werden, unterwegs zu bleiben, niemals fertig zu sein.

Ich soll: Das heißt ahnen, dass mein Leben letztlich nicht grundlos ist. Ich bin zuinnerst angelegt auf Liebe und Glück, und dass mein Leben Sinn hat. Ich möchte das Leben sehen, mein ganzes, gelungenes, geglücktes Leben (vgl. 1 Johannes 1,1-4). Dazu bedarf es eines wachen Gewissens:

Das Leben sehen. Damit ist kein nur Dran-hin-Sehen gemeint, sondern das, was der französische Schriftsteller Antoine de Saint-Exupéry so formulierte: »Hier ist mein Geheimnis: Man sieht nur mit dem Herzen gut. Das Wesentliche ist für die Augen unsichtbar... die Augen sind blind. Man muss mit dem Herzen suchen.«

Das Leben sehen. Dazu bedarf es auch der Weisheit eines König Salomo. Diese bestand nach den Worten der Heiligen Schrift nicht darin, dass er um ein langes Leben, um Reichtum und Ehre bat, oder um den Sieg über seine Feinde. Er bat Gott um ein »hörendes Herz« (1 Könige 3,9).

Ich soll besonnen und ruhig zuhören, hinhören, mit dem Herzen hören, damit mein Nächster, damit womöglich Gott in mir Gehör finden kann. Vielleicht erfahre ich dann Neues, was ich seither nicht gewusst oder gar nicht beachtet habe.

Ich soll, entsprechend meiner Würde als Mensch, stets umgetrieben sein von der Frage nach Gott, »der es wohl wert ist, ihn ein Leben lang zu suchen« (Teresa von Avila).

Vielleicht gelingt mir dann eine Lebens-Erfahrung von der Art, wie sie der Apostel Paulus umschreibt – »was kein Auge gesehen und kein Ohr gehört hat, was keinem Menschen in den Sinn gekommen ist: das Große, das Gott denen bereitet hat, die ihn lieben.« (1 Korinther 2,9)

Ich darf glücklich sein

Warum nicht glücklich?

»Jeder ist seines eigenen Glückes Schmied« – sagt man. Stimmt das? Lässt sich Glücklichsein erlernen? Wenigstens ein Stück weit?

Glück ist nicht einfach Glücksache, Zufall, Fügung, Schicksal. Selbst wenn uns eine optimistische Grundeinstellung gleichsam als Erbe mitgegeben ist – die Fähigkeit zum Glück ist nicht einfach vererbbar und ererbt. Ob menschliches Leben gelingt oder scheitert, ist auch nicht biologisch festgelegt. Beides hat auch mit mir selbst zu tun.

Um dem auf die Spur zu kommen, frage ich mich immer wieder, was mich denn unglücklich macht. Und da meine ich bei mir und anderen einiges zu beobachten:

Einmal, dass wir sehr davon abhängig sind, gelobt und belohnt zu werden. Und das bleibt so oft aus.

Dann hat man uns lange genug beigebracht und wir haben uns allzu sehr daran gewöhnt, etwas zu erwarten, zu verlangen, zu fordern – von anderen, versteht sich: Darauf habe ich einen Anspruch. Das ist mein gutes Recht. Und das kommt selten so.

Unglücklich kann mich machen, wenn ich nur noch lustlos meine Arbeit angehe – oder aber gar keine mehr finde, die ich gerne tue.

Wenn die Frage: »Was habe ich?« – immer mehr die Frage verdrängt: »Wer bin ich?« Wenn ich auf einmal schmerzlich spüre: Was ich so alles habe – aber das alles kann doch nicht alles sein...

Wenn ich negative Erfahrungen verdränge, nicht wahrhaben will, aus meinem Bewusstsein streiche – auch das kann unglücklich machen.

Der Schriftsteller Erich Fried macht in einem Gedicht den bemerkenswerten Vorschlag:

»Sein Unglück
ausatmen können

tief ausatmen
so dass man wieder
einatmen kann

Und vielleicht auch sein Unglück
sagen können
in Worten
in wirklichen Worten
die zusammenhängen
und Sinn haben
und die man selbst noch
verstehen kann
und die vielleicht sogar
irgendwer sonst versteht
oder verstehen könnte

Und weinen können

Das wäre schon
fast wieder
Glück«

Aus: »Beunruhigungen«, Verlag Klaus Wagenbach, Berlin 1984, NA1997

Augenblicklich leben

Glück hat damit zu tun, dass ich den Augenblick ernst nehme. Nostalgisch von einer vermeintlich »guten alten Zeit« zu träumen oder alles von einer fernen Zukunft zu erwarten – das frustriert und enttäuscht eher, als dass es glücklich macht. Auf das Jetzt gilt es zu achten: den Augenblick möchte ich leben. In dem, was ich gerade tue, will ich ganz bei der Sache sein. Das augenblickliche Leben ist mir wichtig genug.

Ich mache mein Glück nicht abhängig von den großen Ereignissen und Freuden, die sich wahrscheinlich nur selten einstellen. Glücklich sein setzt sich zusammen aus vielen kleinen Augenblicken. Sie gilt es zu entdecken und wahrzunehmen.

Und was ist daran religiös? – Alles!

Gott will nach Auskunft der Bibel, dass wir Menschen glücklich sind; dass unser Leben und Zusammenleben gelingt. Und er will das gewiss nicht neben dem Leben her, abgehoben vom Leben, sondern dass wir Glück mitten im »normalen« Leben erfahren.

Hier können wir den Augenblick nochmals von einer anderen Seite her ernstnehmen. Wir leben dann, wenn uns Gott und Mitmenschen ansehen, wenn sie ihren Augen-Blick auf uns werfen. »Gott, wirf deinen Augen-Blick auf uns! Und lass uns so unser augenblickliches Leben als erfüllt, sinnvoll und womöglich glücklich wahrnehmen!«

Beziehungen leben

Glückliche Menschen nehmen sich Zeit für ihre Beziehungen. Nicht darum geht es, »jedermanns Liebling« zu sein. Es gilt, die Bindungen zu pflegen, die wichtig sind. Psychologische Untersuchungen bestätigen, dass Menschen sich dann am häufigsten und am intensivsten glücklich fühlen, wenn sie mit anderen zusammen sind. Liebe, Freundschaft, Geselligkeit, Kameradschaft – einander behilflich sein, sich aussprechen können, gemeinsam etwas unternehmen, das sind die Eckpfeiler des Glücks im Leben der meisten Menschen.

Oft genug können Mitmenschen allerdings auch die Ursache für Enttäuschungen und Unglück sein. Es hat manchmal gute Gründe, warum Menschen sich in sich selbst zurückziehen.

Auch Unabhängigkeit kann ein hoher Wert sein, den man nicht vorschnell mit Egoismus verwechseln darf.

Dennoch sind langfristig gute Beziehungen und soziale Kontakte wichtig für das Wohlbefinden, für das persönliche Glück. Sie erweisen sich damit als tragfähig gegenüber Depression, Angst und Einsamkeit.

Und was ist daran religiös? – Alles!

Gott nimmt uns nach Auskunft der Bibel als unverwechselbare, einmalige Persönlichkeiten ernst. Bei ihm ist jeder unbedingt erwünscht. Er möchte aber nicht, dass wir egoistisch vereinsamen, sondern dass wir uns miteinander am Leben freuen und einander die Lasten des Lebens tragen helfen.

Aktiv leben

Glückliche Menschen sind aktive Menschen. Erstaunlich ist es, dass am Arbeitsplatz weit mehr Glücksmomente erlebt werden, als in der Freizeit. Unterfordertsein erzeugt Langeweile, Überfordertwerden macht Angst und frustriert. Jedoch: Anspruchsvolle Aufgaben meistern; die eigenen Talente und Fähigkeiten ausreizen; in seiner Leistung gefordert sein; Anerkennung finden und genießen – all das erhöht das Selbstwertgefühl und macht glücklich.

Urlaub und Freizeit erweisen sich dagegen für viele Menschen als weniger erholsam, dafür mehr als langweilig und enttäuschend, weil die Erwartungen zu hoch gesteckt sind. Für viele werden Freizeit und Urlaub auch zur Quelle für erneuten Stress: Sie überfordern sich, indem sie sich gierig für alle enttäuschenden, deprimierenden und frustrierenden Stunden im Jahr entschädigen wollen. Und das geht zumeist schief. Im gesunden Maß aktiv sein, das gilt auch für Freizeit und Urlaub, damit wir diesen Freiraum nicht unglücklich, sondern glücklich erleben.

Und was ist daran religiös? – Alles!

Menschliche Arbeit ist nach Auskunft der Bibel auch Teilhabe am schöpferischen Tun Gottes. Sie dient natürlich auch der Selbsterhaltung. Der Lohn für getane Arbeit muss ausbezahlt werden, soziale Unterdrückung darf es nicht geben. Den Ertrag unserer Arbeit dürfen wir dankbar genießen, sollten damit aber auch Bedürftige unterstützen. Scheu vor der Arbeit gilt dagegen als verwerflich.

Andererseits ist die Empfehlung Jesu nicht zu überhören: »Kommt mit an einen einsamen Ort... und ruht ein wenig aus!« (Markus 6,30)

Wesentlich leben

Glückliche Menschen konzentrieren sich auf Wesentliches!
Was heißt das?
Für viele ist unser Land immer noch ein Land der unbegrenzten materiellen Möglichkeiten: Fast jeder Wunsch wird erfüllt – und möglichst sofort. Alles haben können, was man will – das hat das Denken, Reden und Tun vieler Menschen ausschließlich auf Materielles hin verengt. Die Frage: »Was habe ich?« hat immer mehr die Fragen verdrängt: »Wer bin ich? Wie bin ich? Was gibt meinem Leben Sinn und Halt? Wer braucht mich?«
Alles haben – und auf einmal merken, dass ich nicht mehr neugierig bin, dass ich nicht mehr staunen kann. Phantasie und Kreativität schwinden, ich werde undankbar und obendrein unfähig, mich zu freuen und zu genießen. Alles haben – und doch unglücklich sein.
Aber was dagegen tun?
Nicht wahllos konsumieren und unkontrolliert genießen; sich vor Dauerberieselung und Überfütterung schützen. Glücklich, wer sich nicht vom Haben fesseln lässt und auf Spurensuche geht: Worauf kommt es an, was ist wesentlich in meinem Leben?
Und was ist daran religiös? – Alles!
Der Apostel Paulus ermutigt zur Freiheit: »Einst, als ihr Gott noch nicht kanntet, wart ihr Sklaven der Götter, die in Wirklichkeit keine sind.« (Galater 4,8)
»Zur Freiheit hat uns Jesus Christus befreit. Bleibt daher fest und lasst euch nicht von neuem das Joch der Knechtschaft auflegen!« (Galater 5,1)
Ganz praktisch und auf den Punkt gebracht: »Alles aber prüft; was gut daran ist, behaltet.« (1 Thessalonicher 5,21)

Gelassen leben

Glücklich, wer sich auf etwas anderes als auf sein Glück konzentriert. Und glücklich, wer nicht versucht, sein Glück zu erzwingen. »Sobald du dich fragst, ob du glücklich bist, hörst du auf, es zu sein« – das sagt der englische Philosoph John Stuart Mill. Man kann das als Appell verstehen, sich in mehr Gelassenheit zu üben.

Glück ist weniger ein erklärtes – zumeist nicht erreichbares – Ziel als eine bestimmte Art, unterwegs zu sein.

Glück ist, die Balance dazwischen zu finden, Ziele zu haben, und die konkreten Möglichkeiten zu sehen, sie zu erreichen.

Glück ist die Erkenntnis, dass die vielen kleinen Freuden des Alltags ausreichen, um das Leben zu einer durchaus angenehmen Sache zu machen.

Glück hat damit zu tun, sich zu bescheiden und einfach zu sein; mit der inneren Haltung, mit der Art und Weise, sich selbst, die Menschen, die Welt zu betrachten. Die Menschen und die Welt kann ich nicht verändern, wohl aber meine Herzens- und Geisteshaltung.

Glück ist jene Gelassenheit, die erträgt, was sich nicht ändern lässt, und die in Würde preisgibt, was nicht zu retten ist. So ähnlich sagt es einmal Friedrich Schiller. Sich in Gelassenheit zu üben, lässt einen gewappnet sein für die vielen unvermeidlichen Rückschläge und Krisen im Alltag. Gelassen sein, das heißt: verzichten, warten, aufschieben, Ansprüche absenken, loslassen können.

Glück ist schließlich, darauf zu vertrauen, dass wir Enttäuschung und Schmerz, sogar harte Schicksalsschläge aushalten können; darauf zu vertrauen, dass die Liebe letztlich stärker ist als das Böse.

Und was ist daran religiös? – Alles!

Glücklich, wer sich die Überzeugung und das Vertrauen des Apostels Paulus zu eigen machen kann: Was auch immer im Leben an Positivem und Negativem passieren mag, nichts und niemand kann uns trennen von Gott und seiner wohlwollenden Zuneigung zu uns (vgl. Römer 8, 31-39).

Selig, glücklich, die ...

Natürlich gibt es in dieser Welt nicht das ganze, auch nicht das vollkommene Glück. Weil alles auf Erden begrenzt, gefährdet, vergänglich ist. Vielleicht wissen wir auch weit weniger, was Glück ist, als manchmal im nachhinein, was Glück war, so sagt es Francoise Sagan einmal.

Und doch hat Glück etwas zu tun mit: ganz sein, heil sein, vollendet sein. Dies kommt in der altgermanischen Bedeutung von »glücklich« zur Sprache. Für glücklich steht: heil, selig. Die religiöse Dimension wird hier besonders deutlich.

Wir werden an die »Seligpreisungen« Jesu von Nazaret erinnert. Sie sind in der sogenannten »Bergpredigt« im Matthäus-Evangelium (5, 3-12) bzw. in der »Feldrede« im Lukas-Evangelium (6, 20-23) überliefert. Dort ist die Rede von der Gerechtigkeit, wie sie bei Gott gilt. Es sind Zusagen gerade auch an unglückliche Menschen. Es sind Verheißungen nicht nur für die Ewigkeit. Sie reichen mitten hinein in diese Erden- und Weltzeit. Sie sollen wenigstens ansatzweise hier verwirklicht werden, damit menschliches Leben und Zusammenleben gelingen, glücken kann. So will es der Gott Jesu.

Die Zusagen der Bergpredigt beginnen jeweils mit: »Selig, die ...«. In modernen Bibelübersetzungen wird das folgerichtig wiedergegeben mit: »Glücklich, die ...«.

Und Jesus sagte:

Glücklich, die arm sind vor Gott;
denn ihnen gehört das Himmelreich.

Glücklich die Trauernden;
denn sie werden getröstet werden.

Glücklich, die keine Gewalt anwenden;
denn sie werden das Land erben.

Glücklich, die hungern und dürsten
nach der Gerechtigkeit;
denn sie werden satt werden.

Glücklich die Barmherzigen;
denn sie werden Erbarmen finden.

Glücklich, die ein reines Herz haben;
denn sie werden Gott schauen.

Glücklich, die Frieden stiften;
denn sie werden Töchter und Söhne Gottes
genannt werden.

Glücklich, die um der Gerechtigkeit willen
verfolgt werden;
denn ihnen gehört das Himmelreich.

Literaturhinweis:

Heiko Ernst, »Wer ist glücklich?«, in: »Psychologie heute«, Verlag Julius Beltz,
März 1997, 24 Jg. Heft 3, S. 20-27

Lebe dein Leben –

*Worte der unvergessenen
Mutter Teresa*

»Das Leben ist eine Chance – nutze sie!«

In dem ursprünglich französischen Wort Chance steckt die Bedeutung »glücklicher Umstand«. Vielleicht kann man auch sagen: Möglicherweise gelingt mein Leben, und ich kann hoffentlich einmal feststellen: Ich habe Glück gehabt; das Leben war mir wohl gesonnen; ich fühlte mich von Gott geführt – je nachdem, wie ich eingestellt bin.

Aber wie viele können oder wollen das nicht sagen. Wie viele sehen ihr Leben als gescheitert an oder sind tatsächlich gescheitert. Allerdings ist dies nur schwer wirklich zu beurteilen. Gelingen und Scheitern, beides gehört in mein Leben. Wie Gewissheit und Zweifel, Angst und Hoffnung, Glanzzeiten und Abstürze, genutzte und vertane Chancen.

Chance beinhaltet aber auch das: Nichts ist endgültig – alles ist vorläufig, anfällig und begrenzt. Nichts ist eindeutig alles hat seine zwei oder mehrere Seiten. Ich denke, jeder – welche Lebenseinstellung er auch immer hat – wird sich bisweilen fragen: Ist vielleicht auch alles anders? Mir jedenfalls sind die Fragezeichen vertrauter geworden als die vorschnellen Antworten und die Ausrufezeichen.

Und je länger je mehr fühle ich mich eigentlich recht wohl bei solchen Überlegungen. Sie überfordern nicht, sondern entlasten: Ich habe und brauche nicht die ganze Wahrheit, wünsche mir aber so viel, dass ich spüre, wo es lang gehen könnte.

Ich muss nicht alle Geheimnisse entschlüsseln und alle Rätsel lösen. Ich möchte mich aber orientieren können und Menschen begegnen, die mitgehen. Ich besitze nicht alle Freiheit, aber doch so viel, dass ich nicht einfach stehen-, sitzen-, liegen-, sondern unterwegs bleibe. Ich erkenne nicht den Sinn von allem. Aber ich vertraue darauf, dass Gott ihn mir einmal offenlegt, und dass ich bis dahin mir und anderen möglichst treu bleibe.

Dabei fühle ich mich in guter Gesellschaft mit dem Apostel Paulus, der sagt:

»Jetzt schauen wir in einen Spiegel
und sehen nur rätselhafte Umrisse,
dann aber schauen wir von Angesicht zu Angesicht.
Jetzt erkenne ich unvollkommen,
dann aber werde ich durch und durch erkennen,
so wie ich auch durch und durch erkannt worden bin.«
(1 Korinther 13,12)

Literaturhinweis:

Jörg Zink, »Auferstehung – Und am Ende ein Gehen ins Licht«,
Kreuz Verlag, Stuttgart 1999

»Das Leben ist Schönheit – bewundere sie!«

Zu schön, um wahr zu sein. Und das aus dem Mund einer Frau, die in Kalkutta hautnah mit armen und kranken, mit leidenden und sterbenden Menschen zu tun hatte. Was gibt es da an Schönem zu bewundern?

Interessant ist ein Blick in die Heilige Schrift. Das Neue Testament geht sehr spärlich mit dem Wort schön um. Es benennt einige Dinge als schön: Blumen, Steine, Perlen, Gestirne, auch Reden. Ganz anders das Alte Testament. Einige Schriftsteller schwelgen geradezu in der Schönheit. Da ist von vielen schönen Dingen die Rede, von Schönem in der Natur, aber auch von schönen Menschen.

Da kann man lesen:

Ester war von schöner Gestalt und großer Anmut, auch Judit hatte eine schöne Gestalt und ein blühendes Aussehen. Rebekka war sehr schön und Rahel hatte ein schönes Gesicht. Aber auch Josef war schön von Gestalt und Aussehen. David war blond, hatte schöne Augen und eine schöne Gestalt. In ganz Israel soll es keinen schöneren und lobenswerteren Mann gegeben haben als Abschalom. Ebenso wird von Saul berichtet, dass er jung und schön gewesen sei, so schön, wie kein anderer unter den Israeliten. Mit Schönheitsidolen standen uns die alten Israeliten nicht nach. Schöner geht's kaum.

Bei schön denken wir oft nur an das Äußere. Schönheit hat auch eine Innenseite: charmant, liebenswürdig, harmonisch, vollständig, ganz, heil – das alles hat mit Schönheit zu tun. Der große Dichter und Menschenkenner Goethe sprach von der »inneren Schönheit« des Menschen. Die kann durchaus der äußeren schönen Gestalt entsprechen, muss es aber nicht. Es gibt auch den äußeren Schein, der trügt und allemal vergänglich ist.

Innere Schönheit hat mit Würde zu tun. Jeder Mensch ist einmalig und unverwechselbar. Wenn Mutter Teresa empfiehlt, die Schönheit des Lebens zu bewundern, dann sollten wir über dem äußeren Reiz die innere Würde nicht vergessen.

Dann verwundert es auch nicht, wenn die Beter der Psalmen davon singen, wie herrlich, stark, kraftvoll und schön Gott ist. Und dass es schön ist, ihn zu loben.

»Das Leben ist ein Spiel – spiele es!«

Auch wenn Mutter Teresas Leben unter den Ärmsten der Armen in Kalkutta kein Kinderspiel war, und Ihr und mein Leben wohl auch keines ist. Was sollen wir spielen? – Jeder das Spiel seines Lebens, gerade weil da noch vieles offen ist.

Das Spiel meines Lebens spielen. Das heißt für mich: nicht auf der Stelle treten; nicht liegen-, sitzen-, stehen bleiben, sondern unterwegs bleiben und dabei staunen können, suchen, offen sein für Neues. Übrigens ist die älteste Bedeutung von spielen: »sich lebhaft bewegen«.

Das Spiel meines Lebens spielen. Das hat mit einem Puzzle zu tun. Das Bild meines Lebens ist – solange ich lebe – nicht fertig. Es lässt sich vielleicht erst im Nachhinein als Ganzes erkennen. Es fügt sich lebenslang aus vielen, verschiedenen, bunten Einzelteilen zusammen. Mitunter ist das ein beharrliches und ausdauerndes Geduldsspiel.

Das Spiel meines Lebens spielen. Das ist auf jeden Fall ein Gesellschaftsspiel. Ohne Mitmenschen kann niemand leben. Psychologische Untersuchungen bestätigen sogar, dass Menschen sich dann am intensivsten glücklich fühlen, wenn sie mit anderen zusammen sind. Freundschaft, Geselligkeit, Kameradschaft; sich aussprechen können, gemeinsam etwas unternehmen, das seien die Eckpfeiler des Glücks im Leben der meisten Menschen. Und dies trotz Enttäuschungen und Rückschlägen.

Das Spiel meines Lebens spielen. Das hat auch etwas mit leicht und gelassen sein zu tun. Eine Gelassenheit, die erträgt, was sich nicht ändern lässt, und die in Würde preisgibt, was nicht zu retten ist. Eine Gelassenheit, die für die unvermeidlichen Rückschläge und Krisen im Alltag gewappnet ist.

Eine Gelassenheit, die verzichten, warten, loslassen kann. Und die erkennt, dass die kleinen Freuden des Alltags ausreichen, um das Leben zu einer durchaus angenehmen Sache zu machen.

Eine Haltung, die auch bei Gott gut anzukommen scheint. Ein alttestamentlicher Beter macht einem Mut, wenn er bekennt:

»Dem Herrn will ich singen und spielen.« (Psalm 27,6)

»Das Leben ist Liebe – erfreue dich an ihr!«

Das klingt romantisch, ist es aber nicht, nicht nur. Liebe – ein vielbeanspruchtes Wort, uralt und doch stets neu. Ein großes und zugleich verbrauchtes, missbrauchtes Wort. Wie viele Sehnsüchte und Hoffnungen verbinden sich mit ihm. Wieviel Enttäuschung und Verzweiflung knüpfen sich daran. Ohne Liebe stirbt Leben ab. Mit Liebe blüht Leben auf. Es zu verwirklichen, damit bin ich ein Leben lang nicht fertig. Ich muss mich täglich neu und mit vielen kleinen geduldigen Schritten darum bemühen. Gut, wenn mich dabei ein Vorbild fasziniert und anspornt!

Dass allein die Liebe zählt, das verleitete vor 1600 Jahren den großen christlichen Lehrer Augustinus zu dem Satz: »Liebe! Und dann tu, was du willst.« Und mit Mutter Teresa lässt sich ergänzen: »Erfreue dich an dieser Liebe!«

Solche Liebe, so sagt es die Heilige Schrift, ist nicht nur gefühlsbetont, sondern handelt nüchtern. Sie heuchelt nicht und ist ohne Vorbehalte. Sie vertreibt Furcht und Angst. Sie ist unerschrocken, mutig und voller Hoffnung.

Es ist Jesus von Nazaret, der mich immer wieder zur Liebe anstiftet. Weil er selbst ein Liebhaber der Menschen ist und um der Menschen willen an Grenzen geht und bisweilen extreme Positionen einnimmt: Er ist Grenzgänger aus Liebe. So nimmt er jeden Menschen ernst und geht auf ihn in seiner konkreten Lebenssituation zu: Dem einen verzeiht er seine Verfehlungen; einen anderen heilt er von seinen Gebrechen; einem dritten erklärt er, was dieser nicht versteht; wer am Boden ist, den richtet er wieder auf; wer verzweifelt ist, dem schenkt er neue Hoffnung; den Besserwissern widersteht er. Er wirbt um den Menschen, um jeden; er zwingt ihn nicht, weil er seine Freiheit ernst nimmt.

In Jesu Atmosphäre fühle ich mich wohl. Ich werde selber zur Liebe, zu einer möglichst glaubwürdigen Lebensweise ermutigt.

Und Jesus wird – davon bin ich überzeugt – einmal nicht fragen: Hast du alle Dogmen für wahr gehalten, alle Bekenntnisse mitgesprochen, alle Moral eingehalten? Vielleicht könnte er aber so fragen: Woraus hast du gelebt? Wem galt dein Vertrauen? Wie hast du geliebt? – Jedesmal erinnere ich mich daran, wenn wir im Gottesdienst singen: »Wo die Güte und die Liebe wohnt, dort nur wohnt der Herr.« (Gotteslob 909)

Literaturhinweis:

Jörg Zink, »Das Evangelium – Hundert Tage mit Jesus«,
Kreuz Verlag, Stuttgart 1995

»Das Leben ist ein Kampf – akzeptiere ihn!«

Kampf, wie wahr! Aber akzeptieren? – Auf Harmonie bedacht wehre ich mich irgendwie dagegen, kämpfen zu sollen.

Kampf aber meint nicht nur die Widrigkeiten, denen ich mich stellen muss. Kampf meint nicht nur, dass ich mich mit gegensätzlichen Meinungen auseinandersetzen muss.

Dieses Kämpfen sitzt tiefer, tief in meinem Innern. Biblisch gesprochen ist vielleicht auch das gemeint: »Der Geist ist willig, aber das Fleisch ist schwach.« (Markus 14,38) Oder wenn der Apostel Paulus bekennt: »Ich tue nicht das Gute, das ich will, sondern das Böse, das ich nicht will« (Römer 7,19).

Aber auch die Ermutigung, wie dieser Kampf enden soll: »Lass dich nicht vom Bösen besiegen, sondern besiege das Böse durch das Gute!« (Römer 12,21).

Entspricht das nicht der Lebenswirklichkeit, meiner Lebensgeschichte? Mit all den Höhen und Tiefen, mit Freud und Leid, mit Glück und Unglück, mit schönen Seiten, vertanen Chancen, schlimmen Stunden. Ein lebenslanger Kampf. Ihn sollen wir akzeptieren.

Freilich möchte man so manches am liebsten ungeschehen machen und wie überflüssige Akten in den Reißwolf befördern. Doch wir sollten dazu stehen und die eigene Lebensgeschichte, aber auch die des Partners, der Freundin, der Eltern bejahen, sich damit auseinandersetzen und sich mit ihr versöhnen. Denn alles, was wir nicht wahrhaben wollen und verdrängen, meldet sich wieder, oft in Form von Krankheiten.

Gegensätze gehören zum Leben: Hoffnung und Angst, Freude und Trauer, Gelingen und Versagen, Wahrheit und Irrtum. Ja, sie benötigen einander wie Tag und Nacht, Wachen und Schlafen.

In alten Sprachen sind diese Gegensätze oft in ein- und demselben Wort enthalten. Siegmund Freud machte vor hundert Jahren darauf aufmerksam. Er sprach vom »Gegensinn der Urworte«. Das lateinische »altus« bedeutet zum Beispiel hoch und tief. Im lateinischen Wort »clamare« steckt sowohl »schreien« als auch »still sein«. – Im Griechischen steht »pharmakon« für Gift und Heilmittel zugleich. – Das englische »without« heißt wörtlich übersetzt »mit-ohne«. – Das althochdeutsche »baß« bedeutet gut und böse. – Das Wort »stumm« enthält auch das Wort »Stimme«.

Zu seiner Lebensgeschichte mit all ihren Gegensätzen stehen und sich mit ihr versöhnen – das kann ein Kampf, ein mühsamer Weg sein. Aber auch ein Weg, auf dem wir menschlich wachsen. Ein Weg, auf dem wir empfindsamer füreinander werden und auf dem wir uns gegenseitig ein Mehr an Leben schenken.

»Das Leben ist ein Abenteuer – wage es!«

Ein Wort, das der weitverbreiteten Vorstellung widerspricht: »Ich glaube nur, was bewiesen werden kann.« – Überprüfen Sie es einmal selbst: Wenn es um das eigene Leben geht, da gibt es nicht viel zu beweisen. Da geht es aber durchweg um Abenteuer und dass ich etwas wage.

Ein Mädchen und ein Junge lieben sich; zwei Freunde gehen füreinander durchs Feuer; Streithähne versöhnen sich wieder; Kameraden sind beim Bergsteigen auf Leben und Tod aufeinander angewiesen; der Arzt, der mich operiert und in den ich alles Vertrauen setze. Man könnte fortfahren. Hier gibt es nichts zu beweisen, aber viel zu vertrauen. Und so sagen wir es dann auch: Ich glaube an dich. Ich traue dir zu, dass du es gut mit mir meinst. Ich erfahre Gutes – oder werde enttäuscht. Ich gebe Gutes – oder enttäusche mein Gegenüber. Wer hier auf Beweise drängt, zerstört das Vertrauen.

Es ist allemal ein Wagnis, ein Abenteuer, das ich mit jemanden eingehe; das jemand mit mir eingeht.

Nicht anders ist es in meiner Beziehung zu Gott, in meinem Glauben an Gott. Auch dieser Glaube ist ein Wagnis, ein Abenteuer: Ich lasse mich auf Gott ein, ich traue ihm, ich vertraue auf ihn – und: ich traue mich mit ihm.

Ihm möchte ich sagen:

Gott, wenn ich dich in meinen Fragen und Zweifeln
be-greifen möchte,
dann er-greife du mich durch deine Nähe!

Gott, wenn ich immer wieder frage,
wer du für mich bist,

dann lass mich erfahren,
dass du für mich bist im Leben und im Sterben!

Gott, wenn's mich immer wieder ankommt,
was ich von dir halte,
dann sag zu mir,
dass du mich hältst und mich nicht fallen lässt,
was auch immer geschehen mag!

Gott, ich glaube dir, ich vertraue dir, ich traue dir zu,
dass du mein Glück willst,
und dass dir alles daran liegt,
dass das Leben gelingt.[1]

---

[1] Frei gestaltet nach Texten von Anton Rotzetter und Lothar Zenetti.

Welche Werte wichtig sind

Sinnsuche

»Welche Werte sind Ihnen besonders wichtig?« – so lautete die Frage einer repräsentativen Umfrage in Deutschland.[1] Das Ergebnis: Ehrlichkeit, Hilfsbereitschaft, Treue, Verantwortung und Toleranz waren die fünf Hits unter den ideellen Werten. Zwischen 90 und 60 Prozent der Befragten sprachen sich dafür aus.

Das mag erstaunen, zumal vielfach und lauthals der »Werteverlust« in unserer Gesellschaft beklagt wird – von Frauen mehr als von Männern, von Älteren mehr als von den Jungen.

Der einhellige Tenor bei den Befragten: »Zur Menschlichkeit gibt es keine Alternative.« Diese Umfrage war Ende 1997. Aus dem Jahre 1963 stammt ein Buch des bedeutenden Theologen und Religionsphilosophen Romano Guardini mit dem Titel: »Tugenden« – eine Hinführung zur eigentlichen Menschlichkeit. Sechzehn Jahre später wirbt ein anderes Buch für »Mut zur Tugend – Von der Fähigkeit, menschlicher zu leben«, veröffentlicht von den Theologen Karl Rahner und Bernhard Welte.[2]

Wie sich die Menschen über Jahrzehnte hinweg gleichen und welche Werte für sie wichtig sind! Oder doch nicht? – Überwiegt angesichts der oft so rauhen Wirklichkeit eher die Sehnsucht nach solchen Werten, als dass sie Ausdruck der wirklichen Situation wären?

Viele scheinen keine Werte mehr zu haben, für die es sich zu leben lohnt. Gleichzeitig suchen viele Zuwendung, erfüllte Werte, geistlich-spirituelle Zusammenhänge, um leben zu können.

Unsere Zeit ist gewiss auch geprägt von einer Konzentration auf das Negative, auf das Kaputte und Entleerte. Ist es da nicht gerade angebracht, dass wir einander Mut machen: einen

Sinn zu finden, auch neue Werte zu setzen, uns zu öffnen für die vielen Wunder, die es in uns und um uns gibt?

An ideellen Werten wurden in jener Umfrage genannt: Ehrlichkeit, Hilfsbereitschaft, Treue, Verantwortung, Toleranz. Ich möchte dieser noblen Reihe ein paar Stichworte hinzufügen: Ehrfurcht vor allem was lebt, Gelassenheit, Dankbarkeit, Stille, Mut, Zivilcourage, Gerechtigkeit, Bescheidenheit und nicht zuletzt Heiterkeit.

---

[1] Exklusiv-Umfrage, in »Reader's Digest – Das Beste«, Dezember 1997 (Nr. 12), S. 34-41

[2] Romano Guardini, »Tugenden«, Verlage Grünewald, Mainz und Schöningh, Paderborn, 3. Auflage 1987

Karl Rahner, Bernhard Welte (Hrsg.), »Mut zur Tugend – Von der Fähigkeit, menschlicher zu leben«, Verlag Herder, Freiburg, 2. Auflage 1979

Albert Zeyer, »Die Kühnheit trotzdem Ja zu sagen«,
Wissenschaftliche Buchgesellschaft, Darmstadt, 2. Auflage 1998, S. 133-144

Wahrhaftigkeit

Käme jemand auf die Idee, die »Tugend der Wahrhaftigkeit« zu preisen, dem gälte ein müdes Lächeln vieler Zeitgenossen: Lass mich bloss in Ruhe mit deiner verstaubten Moral!

»Welche Werte sind Ihnen besonders wichtig?« – so lautete die Frage einer repräsentativen Umfrage in Deutschland. Und man höre und staune: 90 Prozent antworteten – die »Ehrlichkeit«.

Und auf die Frage: »Wer sollte Werte weitergeben?« – man höre und staune zum zweiten Mal – nannten 96 Prozent der Befragten eine der derzeit zerbrechlichsten Institutionen: die Familie, die Eltern; an zweiter Stelle gefragt sind die Schule, die Lehrer. Also doch!

Sodann unlängst in einem Fernsehmagazin: Da ging es um Treue und Verrat. Ärzte fälschen Rechnungen. Bankiers hinterziehen Steuern. Firmen bestechen Beamte. Sportler werden gedopt, Kunst und Literatur gefälscht; und, und, und. Da fielen Sätze wie: »Um die Wahrheit zu finden, muss ich lügen«. Die Frage stand im Raum: »Haben wir eine Betrugsgesellschaft?«

Was gilt nun?

Wie steht es wirklich um Ehrlichkeit und Wahrhaftigkeit? Nachdem wiederum 88 Prozent der Befragten einen »Werteverlust« in unserer Gesellschaft beklagen!

Ehrlichkeit, Wahrhaftigkeit – Ausdruck der wirklichen Situation, oder sind hier der Wunsch und die Sehnsucht die Väter des Gedankens?

Wann bin ich wahrhaftig?

Wenn ich sage, was ist – so wie ich es sehe oder verstehe, unverkürzt und unverändert. Es gibt aber auch eine Art Selbstschutz, wenn andere kein Recht darauf haben, in mein Inneres vorzudringen. Andererseits kann ich mit dem, was ich sage, Menschen verwirren, verletzen, ihnen schaden.

Wann bin ich wahrhaftig?

Wenn ich bemüht bin, mir selber gegenüber wahr zu sein. Wenn ich mir nichts vormache, mich nicht über mich selbst täusche. Wenn ich dazu stehe, dass ich oft im Schein und in der Illusion gefangen bin und mich nicht daraus befreien kann. Wenn ich nicht meine, immer recht zu haben; stets meinen Willen durchzusetzen; immer anderen eine Schuld zuzuschieben.

Wahrhaftigkeit ist eine Haltung, die mir abverlangt, dass ich mich ein Leben lang darum bemühe.

Wahrhaftigkeit ist eine Tugend, die den ganzen Menschen in Anspruch nimmt.

Wahrhaftigkeit ist ein hoher menschlicher Wert, der Takt und Verständnis, Rücksicht und Güte, aber auch Mut verlangt.

Der Apostel Paulus bringt es auf den Punkt, wenn er uns ermutigt, »wahr zu denken, zu reden, zu handeln – und das in Liebe!« (Epheser 4,15)

Hilfsbereitschaft

»Wer fühlt, was er sieht, tut, was er kann« – mit diesem Slogan warb unlängst das Kinderhilfswerk der UNESCO um Spenden. Ein hervorragender Slogan. Dem scheint die ungebrochene Spendenbereitschaft hierzulande zu entsprechen – und dass noch nie so viele Ehrenamtliche in kirchlichen, sozialen, kommunalen Einrichtungen sowie in Vereinen mitgewirkt hätten.

Eine repräsentative Umfrage in Deutschland scheint dem Recht zu geben. Auf die Frage: »Welche Werte sind Ihnen besonders wichtig?« – antworteten 76 Prozent: die »Hilfsbereitschaft« und platzieren diese damit auf der zweiten Stelle.

Begleitet wurde dieses Ergebnis mit der Feststellung vieler, daß es zur Menschlichkeit keine Alternative gebe. Das »Streben nach Geld« landete in jener Umfrage abgeschlagen auf dem letzten Platz.

Was für ein erfreulich hohes Wertebewusstsein hierzulande!

Gleichzeitig wird die Skrupellosigkeit einer maßlosen Ellenbogengesellschaft beklagt. Immer weniger seien bereit, Verantwortung zu übernehmen und anderen zu helfen.

Wie passt das zusammen?

Ist das mit der Hilfsbereitschaft Ausdruck der wirklichen Situation, wieviel ist Maulheldentum, wieviel ist eine tiefe Sehnsucht danach, dass sich zwischen den Menschen nicht die Kälte ausbreitet?

Dass die kleine und große Welt nicht nur, aber in vielen Teilen im Argen liegt, ist Realität. Deshalb ist es wichtig, dass etwas geschieht, dass Menschen etwas tun, dass ich bereit bin, etwas zu tun.

Ganz gleich, ob der Ansporn dazu aus meiner Vernunft, aus meinem Gewissen, aus meinem christlichen Glauben, aus meiner humanistischen Einstellung kommt. Das bleibt ohnehin unergründlich.

Die uns eingestiftete Forderung nach Menschlichkeit ruft mich zur Hilfsbereitschaft. Wie hieß es doch in jener Umfrage? – Es gibt keine Alternative zur Menschlichkeit.

Diese Sicht ist zum Allgemeingut eines großen Teils der Menschen geworden. Sie ist obendrein die eigentliche Mitte des Christenseins. Menschlichkeit ist das kostbare Erbe Jesu von Nazaret. Wie anders sollten wir verstehen, dass wir für ihn selbst getan haben, was wir für einen der Geringsten getan haben? (vgl. Matthäus 25, 31-46)

Gelegenheiten, sich menschlich zu verhalten, gibt es viele. Manchmal genügt ein Satz, ein Blick, eine Freundlichkeit. Es gibt aber auch wirklich Rettung in Not, verlässlichen Beistand – sei es durch Geldspenden, Obdach gewähren, sachlichen Rat geben, sich Zeit nehmen, Informationen über gangbare Wege vermitteln.

Treue

Wir scheuen uns, es in den Mund zu nehmen: das Wort »Treue«. Es klingt nicht mehr ganz echt - zu groß und pathetisch zum einen. Zum anderen verschlissen, mit zu vielen Enttäuschungen verbunden - im persönlichen wie im politisch-gesellschaftlichen und im religiösen Bereich.

Treue ist das, was die wechselnden Zeiten überdauert. Damit tun wir uns schwer in unserer kurzlebigen, kurzatmigen Zeit, in der morgen »out« ist, was heute als »in« gepriesen wird; in der etwas schnell als altmodisch abgetan wird, was heute noch im modischen Trend liegt.

Dennoch kam die Treue bei einer repräsentativen Umfrage immerhin auf Platz 3. 73 Prozent der Befragten nannten sie auf die Frage: »Welche Werte sind Ihnen besonders wichtig?« Sehnen wir uns vielleicht doch nach dem, was die wechselnden Zeiten überdauert - im persönlichen, gesellschaftlichen, religiösen Bereich?

Was meint Treue?

Treu ist eines der ältesten deutschen Wörter und bedeutet: getreu sein, zuverlässig, aufrichtig, echt, sicher. All das steckt in diesem kleinen Wörtchen treu. Abgeleitet ist treu von dem indogermanischen Wort »deru« und das heißt: Eiche, Eichenholz. Treu sein bedeutet demnach ursprünglich und eigentlich: stark, fest sein wie eine Eiche. Und die hält bekanntermaßen manchem stand.

Wer treu ist, lässt sich - so verstanden - nicht so schnell drausbringen; hält manchem im Leben stand; wird mit allerhand Schwierigkeiten fertig. Treue überdauert die wechselnde Zeit: Ich verlasse mich auf jemanden; ich vertraue jemandem, trotz mancher Unterschiede und sich einstellender Veränderungen. Und jemand vertraut mir, verlässt sich auf mich.

Treu bin ich dann, wenn ich zu meinem Wort stehe; wenn ich zu einer übernommenen Verantwortung stehe; wenn ich durch dick und dünn mit einem geliebten Menschen gehe. Treu bin ich am ehesten dann, wenn ich auch mir selber gegenüber treu bleibe.

Was meint Treue?

Das biblisch-hebräische Wort für Treue heißt: »emunah«. Und das steckt in dem Wort »Amen«. Gott hat sein »Ja und Amen« zu uns Menschen gesprochen. Er nimmt es nach Auskunft der Bibel auch nicht mehr zurück. Gott lässt uns nicht los und nicht fallen. Gott steht treu zu uns, mehr als wir es jemals sein können, und auch dann, wenn wir es nicht mehr sind. Auf diese Treue können und dürfen wir bauen.

Verantwortung

Viele scheinen keine Werte mehr zu haben, für die es sich zu leben lohnt. Dazu passt die Klage: Niemand will sich mehr binden und Verantwortung übernehmen.

So verwundert es nicht, dass die »Verantwortung« bei einer repräsentativen Umfrage mit 64 Prozent nur auf Platz 4 landete. Gefragt war: »Welche Werte sind Ihnen besonders wichtig?« Und vielleicht war bei der Antwort der Wunsch nach mehr Verantwortung größer als das, was wirklich Sache ist.

Zwar pocht der Einzelne heute stärker als früher auf seine persönlich-individuellen Rechte und Freiheiten. Dem entspricht aber keineswegs die Bereitschaft, auch mehr Verantwortung zu übernehmen. Im Gegenteil: Vor allem bei Jugendlichen ist ein starker Rückzug aus dem öffentlich-gesellschaftlichen Leben ins rein Private zu beobachten. Wählen, Politik, Nachrichten der Tagesschau – nein Danke! Man nennt das auch »Selbstausbürgerung«.

Das hat seine vielfältigen Gründe und ist obendrein nicht ungefährlich. Denn nicht selten trifft man bei diesem Rückzug ins Private auf abgrundtiefe Resignation, auf rabenschwarzen Pessimismus und schiere Angst vor der Zukunft. Viele verabschieden sich so vom Zeitgeschehen und übernehmen folglich keinerlei Verantwortung.

Was tun? – Jammern bringt's nicht!

Drei Ermutigungen, bereits im Umgang mit Kindern – vielleicht kam das zu kurz!

(1) Es liegt schon ein gutes Stück an uns Erwachsenen, ob unsere Kinder lernen: wie man egoistisch und oberflächlich alle möglichen Bedürfnisse befriedigt - oder ob das Leben von ideellen Werten geprägt wird wie Güte, Wahrheitsliebe, Menschenfreundlichkeit und ein Gespür für Menschen in Not.

Der Arzt und Theologe Albert Schweitzer nannte einmal drei Dinge, die notwendig sind für eine gute Erziehung: 1. das Vorbild, 2. das Vorbild, 3. das Vorbild.

(2) Eine weitere Ermutigung steht im Neuen Testament: »Seid stets bereit, jedem Rede und Antwort zu stehen, der euch fragt nach dem Grund eurer Hoffnung; aber antwortet bescheiden und ehrfürchtig!« (1 Petrus 3, 15-16)

Sind wir diese Rechenschaft nicht zuerst und vor allem unseren Kindern und Jugendlichen schuldig? – Die Zeiten sind vorbei, wo man sich vor jungen Leuten zu rechtfertigen suchte: »Solange du die Füße unter meinen Tisch streckst, hast du zu gehorchen.« Das sagt man, wenn man eigentlich nichts zu sagen hat. Junge Leute erwarten mit Recht eine Begründung.

(3) Schließlich macht bereits im 4. Jh. der Kirchenvater Augustinus darauf aufmerksam: Das Wichtigste im Umgang mit jungen Leuten ist, dass wir es »mit Freude tun«!

Ob daraus nicht auch Verantwortung erwächst?

Toleranz

Moderne Leute halten sich gerne für toleranter als frühere Generationen. Dann verwundert es jedoch, dass bei einer repräsentativen Umfrage die »Toleranz« mit 61 Prozent nur Platz fünf erreichte. Gefragt war: »Welche Werte sind Ihnen besonders wichtig?«

Vielleicht steht es mit der viel gerühmten Toleranz auch gar nicht so gut. Sind wir wirklich so tolerant? Etwa bei Meinungsverschiedenheiten: Wie schnell werden wir zornig, wird die Stimme lauter? Wie gereizt gehen wir dann statt aufeinander zu, sofort aufeinander los und unterstellen dem anderen unlautere Absichten? Wie rasch liegt's einem auf der Zunge: Dann gehe ich vor Gericht? Waren unsere Gerichte je so überfordert mit Klagen und zivilen Prozessen wie heute? Sind wir wirklich so tolerant?

Des öfteren habe ich den Eindruck, wir geben uns dann tolerant, wenn es sich um Belanglosigkeiten handelt oder wenn uns eine Sache nicht persönlich betrifft. Wir »geben uns« tolerant. Sind wir es?

Neuerdings brechen alte Formen von Intoleranz auf, von denen man gehofft hatte, sie gehörten längst der Vergangenheit an: Religiöser Fanatismus quer durch alle Religionen. Parallel dazu gesellschaftlicher Fanatismus, der sich in Fremdenfeindlichkeit und kleinkariertem Nationaldenken äußert. Hinter all dem steckt häufig die Angst, in unserer komplizierten Welt nicht mehr zurechtzukommen. Intoleranz ist eine Folge von Unsicherheit, Angst und Orientierungslosigkeit. Wer intolerant ist, wähnt sich stark und ist doch schwach.

Toleranz kommt vom lateinischen »tolerare« und bedeutet: aushalten, erdulden, ertragen.

Wann bin ich tolerant?

Wenn ich die Kraft habe, mich selbst auszuhalten mit meinen Schwächen und Grenzen, mit dem Hang dazu, verschlagen, unversöhnlich, unbarmherzig zu sein. Tolerant bin ich dann, wenn ich lerne, wenn ich einübe, geduldig mich selbst auszuhalten, zu ertragen, leiden zu können.

Wann bin ich tolerant?

Tolerant bin ich dann – und das ist die andere Seite der Medaille – wenn ich lerne, wenn ich einübe, geduldig auch die anderen auszuhalten, zu ertragen, leiden zu können. Tolerant bin ich dann, wenn ich meine Toleranz nicht als Geste der Großmut betrachte, sondern wenn ich dem anderen selbstverständlich das Recht zugestehe, anders zu sein.

Wer tolerant ist, der verhält sich auch tolerant und lässt andere spüren: Du darfst anders sein als ich. Ich bin zu dir aufmerksam. Ich helfe dir Lasten tragen, freue mich aber auch mit dir, wenn du glücklich bist. Ich mache dir Mut, ich tröste dich, ich bin dir gut.

Umgänge

Mich selbst tolerieren

Das Gespräch mit einem Arzt – er ist Buddhist – geht mir nach. Vor allem diese Bemerkung: »Ihr Christen habt in eurer Bibel eine starke Empfehlung: Du sollst Gott lieben, und du sollst deinen Nächsten lieben wie dich selbst« (vgl. Markus 12, 29-31). Und er fügt hinzu: »Dich selbst lieben, das vernachlässigt ihr sehr. Deshalb klappt es auch so wenig mit der Gottes- und Nächstenliebe.«

Die Sache mit der Selbstliebe. Was ist damit gemeint? Sicher kein selbstverliebter oder gar selbstversessener Egoismus. Aber ein gesundes Selbstwertgefühl: dass ich mich selber leiden, mich auch mit meinen Grenzen und Schwächen annehmen kann. Denn wenn ich das gar nicht schaffe, dann tue ich mich auf Dauer auch schwer damit, den Mitmenschen auszuhalten. Und auch damit, Gott auszuhalten.

Das hat etwas mit der viel beschworenen Toleranz zu tun. Toleranz kommt vom lateinischen »tolerare« und bedeutet: aushalten, erdulden, ertragen. Mich selbst leiden können mit meinen Grenzen und Schwächen. Auch meine Neigung akzeptieren, dass ich bisweilen verschlagen, unversöhnlich, unbarmherzig bin.

Tolerant sein heißt auch – und das ist die andere Seite der Medaille – akzeptieren, aushalten, ertragen, dass andere anders sind als ich.

Ist Ihnen schon mal aufgefallen, vielleicht sogar bei Ihnen selbst: Wieviel Missgunst und kleinkariertes Gerangel, wie viele Eifersüchteleien, Sticheleien, versteckte Aggressionen gibt es des öfteren gerade unter sehr aktiven Leuten – im Verein, in der Kirchengemeinde und wo auch immer. – Solche engagierte Nächstenliebe wirkt dann auf einmal sehr aufgesetzt und nicht gerade überzeugend. Vielleicht mangels Selbstliebe?

Vor über 800 Jahren sagte der Mönch Bernhard von Clairvaux etwas, das heute genau so beachtenswert ist: »Bist du etwa dir selbst ein Fremder? Und bist du nicht jedem fremd, wenn du dir selbst fremd bist? Ja, wer mit sich selbst schlecht umgeht, wem kann der gut sein? Denk also daran: Gönne dich dir selbst. Ich sage nicht: tu das immer. Ich sage nicht: tu das oft. Aber ich sage: tu es immer wieder einmal. Sei wie für alle anderen auch für dich selbst da!«

Spieglein, Spieglein ...

In einer Kirche irgendwo in Japan: kein Bild, keine Blumen, keine Kerzen; ein kahler, nackter, leerer Raum. Nur ein Spiegel an einer Wand. Es wird erzählt: Die Leute, die zur Kirche kommen, wagten es nicht, in den Spiegel zu schauen. Warum nicht? Weil man sich selbst darin sieht? Und weil dieser Anblick sehr entlarvend ist?

Von Fotos kann man die Falten wegretuschieren. Portraits kann man zum eigenen Vorteil idealisieren. Aber im Spiegel begegnet man sich selbst, so wie man wirklich ist. Und gerade das können viele nicht ertragen. Ertrage ich es?

Es gibt verschiedene Möglichkeiten, mit einem Spiegel umzugehen:

- Erstens: Ich schaue gar nicht hinein, um nicht über mich nachdenken zu müssen.

- Zweitens: Ich schaue hinein und sehe mich so, wie ich mich gerne sehen möchte; wie ich mir angewöhnt habe, mich zu sehen.

- Drittens: Ich bin in mein Spiegelbild verliebt – so wie Narziss in der griechischen Sage oder wie die Königin in dem Märchen »Schneewittchen«:

»Spieglein, Spieglein an der Wand,
wer ist die Schönste im ganzen Land?«

Und wie sie – voll Neid und Eifersucht – ärgere ich mich grün und blau, wenn der Spiegel sagt:

»Frau Königin, Ihr seid die Schönste hier,
aber Schneewittchen ist tausendmal schöner als Ihr!«

- Freilich kann ich auch aus Wut über mich selbst den Spiegel kaputtschlagen – die vierte Möglichkeit.

- Bleibt schließlich fünftens: Ich begegne im Spiegel mir selbst, so wie ich nun einmal bin: liebenswert und nicht auszustehen, stark und zerbrechlich, hilfsbereit und egoistisch. Und ich lerne, mich selbst auszuhalten und mit der gewonnenen Erkenntnis recht umzugehen.

Der Spiegel in einer Kirche irgendwo in Japan. Das könnte überall auf der Welt sein. Jedenfalls eine tiefsinnige Idee. Vielleicht symbolisiert sie auch Gottes Wort an mich, das mich weder bestätigt noch idealisiert. Das mir aber verspricht: So wirst du die Wahrheit über dich selbst erkennen, und diese Wahrheit wird dich befreien. Sie wird dich geduldig und gelassen machen und mutig, das Gute zu tun (vgl. Johannes 8, 30-47).

Wirklich gut gemeint?

Die Eltern hatten mit Frank große Pläne und wollten natürlich nur das Beste für ihn. Frank hingegen fühlte sich von den Erwartungen seiner Eltern fast erdrückt. Er hatte anderes im Sinn und zog zu seiner neuen Freundin.

Franks Eltern flippten regelrecht aus. Seine Freundin machten sie schlecht, wo immer und wem gegenüber auch immer sie konnten. Und zu Frank: »Wir haben alles für dich getan. Wir haben's nur gut mit dir gemeint. Und jetzt das. Wir sind maßlos enttäuscht von dir, du undankbarer Versager!« – Das war es dann, das geballte »Wir haben's doch bloß gut gemeint!«

Sollten Sie solche oder ähnliche oder andere Erfahrungen dieser Art machen, dann ermutige ich Sie, dass Sie ehrlich in sich selbst hinein schauen und sich fragen: Hab ich's wirklich mit der Partnerin, dem Partner, den Kindern, einem Mitmenschen gut gemeint? Oder hab' ich vielleicht doch eher an mich selbst gedacht und an meine Vorstellungen, wie der andere zu sein hat? Könnte es sein, dass sich hinter diesem »gut meinen« manches andere verbirgt: Eifersucht, Besitzen-wollen, nicht Loslassen-Können, vielleicht eine gute Portion Intoleranz und Rechthaberei?

Niemand ist sich sicher, was für ihn wirklich gut ist. Wie schwierig ist es dann auszumachen, was für jemand anderen wirklich gut ist. Im Alten Testament steht ein weiser Spruch: »Wer kann erkennen, was für den Menschen besser ist in seinem Leben, während der wenigen Tage seines Lebens?« (Kohelet/Prediger 6,12) Das soll uns nicht resignieren lassen, aber gelassener machen: Es wirklich mit jemandem gut meinen heißt vor allem, dessen eigenständiges Menschsein und eigenen Lebensweg zu akzeptieren.

Von Jesus wissen wir, wie vorsichtig er mit dem Wörtchen »gut« umgegangen ist. Von jemandem angesprochen: »Guter Meister« – antwortete er spontan: »Warum nennst du mich gut? Niemand ist gut außer Gott, dem Einen.« (Markus 10, 17-18)

Sich selber, die Partnerin, den Partner, die Kinder, die Mitmenschen Gott und seinem Gut-sein anvertrauen – vielleicht wird dann manches wirklich gut!

Kleinigkeiten

Manchmal denke ich, warum es im Film oder im Roman nicht zugeht wie im Leben. Und gelegentlich wünsche ich mir dann, dass es im Leben zugehen möchte wie im Film oder Roman.

Da hängt vieles an Kleinigkeiten, ob es in einer Beziehung gut oder daneben geht. Die vielen kleinen Sticheleien verletzen. Wenn ich unkontrolliert nur noch das tue, was ich mir so angewöhnt habe, das ärgert. Wenn ich mich überwiegend unaufmerksam und gefühllos zeige, das tut weh. Mit meinem nervösen, oberflächlichen Getue missachte ich die Gefühle der Partnerin, des Partners, der Freundin, des Freundes. Wenn sich das und anderes einschleicht, dann belastet das mehr und mehr eine Beziehung, dann geht langsam aber sicher manches, vieles kaputt.

Wenn das so ist, dann müsste doch auch das andere gelten:

Kleine positive Zeichen, Aufmerksamkeiten – und die Partnerin, der Partner, die Freundin, der Freund fühlt sich ernstgenommen, eine angeschlagene Beziehung stabilisiert sich wieder. Ein Versuch lohnt sich!

Eine Anerkennung, ein lobendes Wort – und das auch noch vor anderen - tut gut. Mit etwas Phantasie zärtlicher sein – und so die langweilige Routine durchbrechen. Zu eng aufeinander sein erdrückt, zu distanziert sein lässt vereinsamen. Warum einander nicht ein Hobby, ein eigenes Interesse zugestehen. Das bewirkt Wunder in einer Beziehung.

Und immer wieder den Fernseher ausschalten und miteinander reden, einander zuhören, gemeinsam einen Abendspaziergang machen, vielleicht miteinander beten, eine Kirche besuchen, mal ausgehen – schön essen und trinken, ins Kino oder ins Theater gehen. Und die Kinder? Bei gutem Willen lässt sich ein Babysitter finden, wenn sich nicht einer von selber anbietet.

Ob Sie es schaffen, wieder einmal das zu tun, was Sie am Anfang Ihrer Beziehung selbstverständlich getan haben? Auch für Selbstverständliches Danke sagen, mit einer kleinen Aufmerksamkeit überraschen, mal wieder etwas Liebes aufschreiben, ein spontaner Kuss.

Geben Sie sich einen Ruck! Es lohnt sich! Für beide!

Was es ist –
Anmerkungen zu einem Gedicht
von Erich Fried

Was es ist

Es ist Unsinn
sagt die Vernunft
Es ist was es ist
sagt die Liebe

Es ist Unglück
sagt die Berechnung
Es ist nichts als Schmerz
sagt die Angst
Es ist aussichtslos
sagt die Einsicht
Es ist was es ist
sagt die Liebe

Es ist lächerlich
sagt der Stolz
Es ist leichtsinnig
sagt die Vorsicht
Es ist unmöglich
sagt die Erfahrung
Es ist was es ist
sagt die Liebe

Erich Fried

Aus: »Es ist was es ist«,
Verlag Klaus Wagenbach, Berlin 1983, NA 1994

»Es ist Unsinn sagt die Vernunft Es ist was es ist sagt die Liebe«

Es ist gut, den »gesunden Menschenverstand« zu gebrauchen, damit Vernünftiges geschieht und Unsinniges verhindert wird. Den »gesunden Menschenverstand« zum alleinigen Maßstab zu machen, ist gefährlich. Da ist man dann sehr rasch bei letzten Urteilen wie: Alles ist sinnlos. Es ist nur Unsinn. Es gibt keinen Gott. Nach dem Tod ist alles aus.

Mit solchen Letzturteilen überhebt sich unser Verstand, denn er gibt mehr zu wissen vor, als er wissen kann. Mir kommt jenes Kirchenlied in den Sinn:

> *»Unser Wissen und Verstand sind mit Finsternis umhüllet,*
> *wo nicht deines Geistes Hand*
> *uns mit hellem Licht erfüllet.*
> *Gutes denken, tun und dichten*
> *musst du selbst in uns verrichten.«*
> (Gotteslob 520,2)

Hier wird Gott ins Spiel gebracht, ohne dessen Geist wir im Dunkel tappen – gerade in den letzten und tiefsten Fragen des Lebens. Nennen wir es Glauben, nennen wir es die Sichtweise der Liebe, die manchmal Unvernünftiges erschließt. Das nimmt die Fragen und Probleme nicht aus meinem Leben fort. Das fegt nicht Krankheit, Leid oder gar den Tod vom Tisch. Aber ich glaube, dass es mir die Kraft gibt, das Leben in all seinen Höhen und Tiefen auszuhalten und menschlich zu bestehen.

Dass alles Unsinn und letztlich sinnlos sei, damit kann ich mich nicht abfinden. Ich frage mich eher, warum wir Menschen die Sehnsucht nach einem geglückten Leben und die

Hoffnung auf ein erfülltes Dasein so hartnäckig in uns haben. Warum sollten wir unsinnigerweise auf etwas angelegt sein, was nur eine Illusion ist? Warum sollten wir so viel Energie in etwas Unerreichbares einsetzen? Warum? –

*»An einen Gott glauben heißt,
die Frage nach dem Sinn des Lebens stellen.*

*An einen Gott glauben heißt sehen,
das es mit den Tatsachen der Welt noch nicht abgetan ist.*

*An einen Gott glauben heißt sehen,
dass das Leben einen Sinn hat.«*

Der Philosoph Ludwig Wittgenstein hat das gesagt.

Mir ist das sehr sympathisch, doch bin ich mir wohl bewusst, dass mit solchen Argumenten die Existenz Gottes nicht bewiesen ist. Wahrscheinlich möchte Gott auch gar nicht bewiesen, sondern in Freiheit geglaubt und geliebt werden. So bleibt an dieser Stelle die Zumutung, den Sprung des Glaubens zu tun.

Literaturhinweis:

Michael Albus, Bernardin Schellenberger, »Glaubens A und O«,
Patmos Verlag, Düsseldorf, 2. Auflage 1995

»Es ist nichts als Schmerz sagt die Angst Es ist was es ist sagt die Liebe«

Vielen klingt es noch in den Ohren, vielen liegt es noch schwer im Magen und im Herzen: Christlich sei das, was man nicht darf. Entsprechend sei das Gott wohlgefällig, was dem Menschen schwerfalle, was ihm weh tue und Schmerzen bereite. Wahrlich ein Missverständnis von Christsein und Glaube.

Wie konnte so etwas überhaupt aufkommen?
Durch die Angst: »Es ist nichts als Schmerz, sagt die Angst.«
Die Angst, die innerste Ursache des Unglaubens.
Die Angst, der größte Gegner des Glaubens.
Derweil wollte Jesus von Nazaret mit seinem Reden und Tun gerade die Angst der Menschen überwinden.
Worin ist diese Angst begründet?
Und: Inwiefern befreit Jesus von der Angst?

● Eine Wurzel der Angst ist die gestörte Grundbeziehung vieler religiöser Menschen zu Gott. Ihr Gottesbild ist das von einem mehr zu fürchtenden als zu liebenden Gott. Diesen gilt es dann zu beschwichtigen, zu besänftigen, buchstäblich bei Laune zu halten.

Von dieser schlimmen Verfälschung hat Jesus das Gottesbild grundlegend befreit: Gott ist den Menschen eindeutig und unbedingt und bedingungslos in Liebe zugewandt. Gott ist ein Liebhaber der Menschen. Damit nahm Jesus die schlimmste und folgenschwerste aller Ängste aus den Herzen der Menschen, die Gottesangst.

● Eine weitere Wurzel der Angst ist unsere gestörte Grundbeziehung zum Mitmenschen. Unsere von Zweifel und Verteidigung belasteten zwischenmenschlichen Beziehungen: Mein Gegenüber könnte zum Konkurrenten, zum Rivalen, zum Gegner, zum Feind werden.

Auch von dieser Beziehungsschwernis hat Jesus uns befreit, hin zu einer grundlegenden Bejahung des anderen Menschen. Er hat dies auf den einfachen Punkt gebracht: »Alles, was ihr also von anderen erwartet, das tut auch ihnen!« (Matthäus 7,12) – bis hin zu der anstößigen Zumutung: Du sollst auch den Feind lieben!

● Schließlich ist eine Wurzel der Angst unsere gestörte Grundbeziehung zu uns selbst. Ich bin mir im letzten selber fremd und traue mir oft selbst nicht über den Weg. Daraus folgen Einsamkeit, Lebensunlust, Existenz- und Zukunftsangst.

Auch dieses gestörte Selbstverhältnis hat Jesus geheilt und uns wissen und spüren lassen, was wir sind: Freundinnen und Freunde Gottes, von ihm unbedingt erwünscht und bedingungslos geliebt. Davon kann uns nichts trennen, auch nicht die Angst vor uns selbst.

Literaturhinweis:

Eugen Biser, »Überwindung der Lebensangst, Wege zu einem befreienden Gottesbild«, Don Bosco Verlag, München 1996

»Es ist aussichtslos
sagt die Einsicht
Es ist was es ist
sagt die Liebe«

Man kann zu der untrüglichen Einsicht kommen, dass etwas aussichtslos ist: Diese Ehe ist unweigerlich gescheitert. Eine Freundschaft hat keine Vertrauensbasis mehr. Es gibt keine Aussicht auf Heilung. Es gibt keine Aussicht auf Erfolg.

Wie gehe ich damit um?

Das eine Extrem: Mir ist alles egal. Wenn es aus ist, ist es halt aus. Irgendwie wird man mit allem fertig.

Das andere Extrem: Die Verzweiflung – völlig aus dem Gleichgewicht geworfen – keine Zukunft, keine Hoffnung, keine Chance. Ich komme über einen Schicksalsschlag nicht hinweg.

»Es ist, was es ist, sagt die Liebe« – so heißt es in dem Gedicht von Erich Fried. Ein dritter Weg, mit Aussichtslosem umzugehen. Bleibt zu hoffen, dass wir ihn schaffen, wenn wir betroffen sind.

Was ist hier mit Liebe gemeint? Vielleicht eine positive, wohlwollende Grundgestimmtheit gegenüber mir selbst, den Mitmenschen und der Welt gegenüber. Eine Geistes- und Herzenshaltung, die selbst dann mit sich im Frieden ist, wenn schwere Prüfungen zu bestehen sind. Eine innere Kraft, die verzichten, die loslassen kann. Ein seelisches Gleichgewicht, das Schweres geduldig durchstehen, Leiden aushalten kann. - Glücklich, wer eine solche Haltung einüben und sich zu eigen machen kann.

Der Apostel Paulus spricht von einer solchen Liebe, die »alles erträgt, alles hofft, allem stand hält«. Eine Liebe, die für ihn ihren Grund, ihre Wurzeln, ihre Tragfähigkeit in Gott hat (vgl. 1 Korinther 13).

Diese Liebe ist nach Paulus auch imstande »alles zu glauben«. Was er damit meint, schreibt er in seinem Römerbrief. Er ist der festen Überzeugung, dass es nichts auf Erden gibt und dass auch niemand imstande ist, uns von Gott und seiner wohlwollenden Zuneigung zu trennen – was auch immer im Leben passieren mag. Zu diesem Gottvertrauen ermutigt er auch uns (vgl. Römer 8, 31-39).

Ein Patentrezept ist dieser Glaube nicht. Er löst nicht die Probleme des Lebens. Er lässt sich auch nicht verordnen, vielleicht kann man ihn nicht einmal lernen – jedenfalls nicht durch Willensanstrengung. Vielleicht eröffnet er sich dann, wenn man ihn am wenigsten erwartet. So wie der Dichter George Bernanos seinen Landpfarrer am Ende eines gescheiterten, verunglückten Lebens sagen lässt: »Alles ist Gnade«.

»Es ist lächerlich
sagt der Stolz
Es ist was es ist
sagt die Liebe«

Dem Stolz verwandt sind Hochmut, Vermessenheit und Überheblichkeit. Sie führen dazu, andere und anderes geringzuschätzen und herabzuwürdigen. Der Stolz findet vieles lächerlich. Er ist das Bemühen, das eigene Gesicht und die eigene Würde zu wahren – und kann gerade so ein Zeichen von Schwäche sein.

Lächerlich leitet sich übrigens von Lachen ab. Lachen aber ist nicht gleich Lachen. Hier ist nicht jenes unbeschwerte, frohe, von Herzen kommende Lachen gemeint. Sondern das hämische, herablassende Lachen, das andere demütigt und verletzt. Es macht Angst, weil es sarkastisch und lebensverachtend sein kann. – Lachen ist nicht gleich Lachen.

Stolz und lächerlich liegen übrigens nahe beieinander. Wer stolz sich selbst falsch einschätzt, merkt oft gar nicht, dass er sich dadurch selbst lächerlich macht und andere zum Lachen reizt.

Die Liebe allerdings kennt das unbeschwerte, von Herzen kommende Lachen. Das spricht für innere Freiheit, für unverkrampfte, fröhliche Gelassenheit – sich selbst und anderen gegenüber.

Liebe die lachen kann, gibt nichts der Lächerlichkeit preis. Sie findet sich aber auch nicht einfach ab mit unserer Welt, wie sie ist.

Zwar sieht sie die Dinge nüchtern, wie sie sind. Aber sie lässt angesichts der in vielerlei Hinsicht bedrohten Wirklichkeit nicht resignieren und nicht verzweifeln. Die Liebe lebt aus dem Vertrauen und kann deshalb gelassen und heiter sein.

Sie ist Ausdruck der Hoffnung, die an den Widerständen stark wird. Der Hoffnung, die sich nicht ausreden lässt, dass vieles doch noch hell und heil ist und zum Guten geführt werden kann.

»Es ist leichtsinnig sagt die Vorsicht Es ist was es ist sagt die Liebe«

»Es ist leichtsinnig, sagt die Vorsicht.« – Der abwertende, moralische Unterton ist unverkennbar. Mangel an Vorsicht, Mangel an Erfahrung, Fahrlässigkeit, Oberflächlichkeit, Leichtlebigkeit – all das schwingt mit, wenn die Vorsicht mit erhobenem Zeigefinger – versteht sich – vor Leichtsinn warnt.

Vielleicht ist es angebracht, einmal weniger den Leichtsinn, dafür einmal mehr die Vorsicht unter die Lupe zu nehmen. Es könnte ja durchaus sein, dass sich hinter der Vorsicht etwas ganz anderes verbirgt, als sie vorgibt.

Vorsicht kann ich es auch nennen, wenn ich nichts wagen, kein Risiko eingehen will, wenn ich vor einer Aufgabe kneife, einen mutigen Einsatz bremse.

Mit Vorsicht kann ich auch tarnen, dass ich neidisch und missgünstig bin und anderen nicht gönne, was ich selbst nicht erreiche.

Die Vorsicht sagt: »Ich mein's doch bloß gut mit dir«, und sie übt damit Macht aus. Weiß ich denn, was gut für mich selbst ist? – Geschweige denn, was für jemand anderen gut ist?

Vorsicht ist mitunter auch ein anderes Wort für eine pessimistische, trübe Lebenseinstellung, ja für eine Daseinsangst, die mich und die Menschen um mich herum belastet.

Leichtsinn dagegen heißt ursprünglich: leichten Sinnes, froh, unbeschwert, gelöst sein.

Da hört sich das schon anders an: »Iss mit Freuden dein Brot und trink vergnügt deinen Wein… trag jederzeit frische Kleider, und nie fehle duftendes Öl auf deinem Haupt!« (Kohelet/Prediger 9,7-8)

Das sagt kein ausgelassener Luftikus, auch kein romantischer Schwärmer. Das sagt ein jüdischer Weiser im 3. Jh. vor Christus, der sogenannte Kohelet, der sich ein Leben lang den Kopf über Gott und die Welt und das Leben zerbrach.

Von ihm stammt dieses Zeugnis einer fast ungebrochenen Lebensfreude. Und Jugendlichen, deren Unternehmungslust man eher bremsen und die man vor unbedachtem Leichtsinn warnen möchte – warum eigentlich? – ruft derselbe Kohelet zu: »Freu dich, Junge, freu dich, Mädchen, in deiner Jugend, sei guter Dinge in deiner Jugendzeit! Geh auf den Wegen, die dein Herz dir sagt und genieße, was deine Augen schauen!« (11, 9)

Die Menschen des Alten Testaments schöpften aus ihrem Glauben an Gott die Einsicht, dass ohne Freude das Leben nicht zu bewältigen ist. Nur eine frohe Einstellung macht fähig, zum Leben mit all seinen Unbegreiflichkeiten ja zu sagen, sich stets neu dem Leben zuzuwenden und zum Guten zu verändern.

Auch Jesus von Nazaret finden wir nicht in der Ecke der Vorsicht oder auf dem schmalen Grat des rechten Maßes. Der Versuchung, mittelmäßig und langweilig zu werden, ist er gewiss nicht erlegen. Ihn finden wir weit eher am Rande, an den Grenzen, in extremer Position: in der Leidenschaft für das Gute, in der genialen Einseitigkeit um des Menschen willen: Liebhaber der Menschen, Grenzgänger aus Liebe und in Liebe.

»Es ist unmöglich
sagt die Erfahrung
Es ist was es ist
sagt die Liebe«

»Ich kann unmöglich an Gott glauben!« – beteuerte mir jemand. Das sei seine Erfahrung im Leben. Wir unterhielten uns lange über jenes »unmöglich«:

Vielleicht, dass ich das mit dem Glauben an Gott gar nicht erst versucht habe.

Vielleicht, dass meine Erziehung positive Erfahrungen mit dem Glauben gar nicht aufkommen ließ.

Vielleicht, dass es – wie so manchesmal im Leben – einfach der Mangel an Gelegenheit ist.

Vielleicht, dass mir Erfahrungen, Enttäuschungen, Zweifel das Glauben-Können schwer machen.

Gott kann nicht bewiesen werden, nicht im Sinne einer wissenschaftlichen Beweisführung. Wäre das möglich, dann wäre er nicht Gott, sondern irgendein Ergebnis menschlichen Forschens. Daran brauche ich allerdings nicht zu glauben. Ergebnisse menschlichen Forschens kann man höchstens wissen.

Und gäbe es doch die besten Argumente für seine Existenz – was soll's? – wenn ich Gott nicht in mein Leben hereinlasse, wenn ich gleich gar keine Erfahrungen mit ihm machen will.

Andererseits: Die gescheitesten Reden über Gott – schön und recht –, aber spannend wird's erst, wenn ich mich auf ihn einlasse.

Der Theologe Karl Rahner wurde einmal in einem Fernsehinterview gefragt, warum er eigentlich an Gott glaube. Er antwortete: »Weil ich bete!«

Weil ich bete – das heißt: Ich mache mich nicht selbst zum letzten Maßstab meines Lebens, schon gar nicht zum Maßstab, nach dem die Welt recht erkannt und gedeutet wird.

Weil ich bete – das heißt: Ich lasse mich von dem ansprechen, der immer größer, weiter, tiefer, höher, umfassender ist, als ich selbst es je sein kann.

Und ich versuche zu antworten: schweigend, froh, dankbar, aber auch fragend, klagend, schreiend. Womöglich bin ich anders geworden, womöglich habe ich mich verändert.

Gott in sich hereinlassen, sich auf Gott einlassen – das hat Menschen immer wieder grundlegend verändert.

Vielleicht sage ich dann nicht mehr ganz so rasch »unmöglich«. Ich traue Gott vielmehr zu, dass er möglich machen kann, was ich vorschnell für unmöglich gehalten habe. Unmögliches wird möglich, weil ich auf einmal die Erfahrung mache: Gott liebt mich, ich bin ihm wichtig, ich bin bei ihm unbedingt erwünscht.

Und diese neuen Erfahrungen könnten dann womöglich in das Bekenntnis einmünden, das ein jüdischer Zeitgenosse so formuliert hat: »Wir können für oder gegen Gott sein, aber unmöglich ohne Gott!«

In der Reihe »Ermutigungen« liegt bereits vor:

Beate Bauschert-Haas

Zur Quelle finden

*Impulstexte
für unterwegs*

Die kurzen meditativen Texte dieses Buches eignen sich als persönliche Gedankenanstöße für den Tag aber auch als Besinnungsimpulse in Gruppen und Kreisen, in der Gemeindearbeit, bei Freizeiten und Wochenenden.
Obwohl sie überwiegend bei Seniorenfreizeiten entstanden sind, beziehen sich nur die wenigsten Texte direkt auf diese Generation. Die steht ja auch meist noch »mitten im Leben«. Dementsprechend vielfältig sind die Themen.
Einem Teil der Texte sind Schwarzweiß-Bilder, Fotos und Grafiken, beigegeben; sie unterstützen und ergänzen die Meditationen.

80 Seiten, Klappenbroschur – ISBN 3-7797-0366-1

VERLAG JUNGE GEMEINDE
Postfach 10 03 55 - 70747 Leinfelden-Echterdingen